CARL READER

~~EM~~ EU PREENDEDOR

PRONTO PARA SER SEU CHEFE?

Tradução
UBK Publishing House

ubook UBK Publishing House

Publicado mediante acordo com Kogan Page. Edição original do livro *Boss It: Control Your Time, Your Income and Your Life* publicada por Kogan Page.

COORDENAÇÃO Alessandra Brito
EDIÇÃO Nikita Sigrist
COPIDESQUE Nádia Maia
REVISÃO Vivian Sbravatti e Débora Ferreira
CAPA Clarissa Duarte
DIAGRAMAÇÃO Cristiano Marques
IMAGEM DE CAPA Strawberry Blossom | shutterstock

Dados Internacionais de Catalogação na Publicação (CIP)
(Câmara Brasileira do Livro, SP, Brasil)

Reader, Carl
EUpreendedor : pronto para ser seu chefe? / Carl Reader ; tradução UBK Publishing House. -- Rio de Janeiro, RJ : Ubook Editora, 2022.

Título original: Boss it.

ISBN 978-85-9556-290-5

1. Empreendedores 2. Empreendedorismo 3. Gestão de negócios 4. Sucesso profissional I. Título.

22-120613 CDD-658.421

Índices para catálogo sistemático:
1. Empreendedorismo : Administração de empresas 658.421
Eliete Marques da Silva - Bibliotecária - CRB-8/9380

Ubook Editora S.A
Av. das Américas, 500, Bloco 12, Salas 303/304,
Barra da Tijuca, Rio de Janeiro/RJ.
Cep.: 22.640-100
Tel.: (21) 3570-8150

SUMÁRIO

A QUEM ESTE LIVRO É DEDICADO...

Todos que já escreveram um livro sabem que é como uma maratona. É doloroso, envolve várias noites sem dormir e não é tão divertido quanto pode parecer.

Mas, por alguma razão, fazemos isso repetidas vezes.

Há algo de especial em ver suas palavras impressas. Saber que seu conhecimento pode ajudar milhares, se não milhões, de pessoas.

Tenho em mente um grupo ao qual quero realmente dedicar este livro: a próxima geração. Aos meus filhos, aos seus colegas de classe e a todos de faixa etária semelhante. Àqueles que estão um ano acima, um ano abaixo, em diferentes escolas e em todo o mundo.

Nós passamos por um sistema de ensino que prioriza uma mentalidade da Era Industrial. Nossos objetivos eram conseguir um emprego estável, um bom trabalho em horário comercial, uma carreira sólida e, se possível, permanecer em uma única empresa a vida toda.

Esse sistema está falido e a escola ainda não o superou. Ansiamos por ter mais controle, mas estamos sendo criados para uma vida de subordinação, em que passamos nossos anos ajudando outra pessoa a alcançar os objetivos dela em detrimento dos nossos.

Meu filho mais velho, Jordan, tem atualmente quase 21 anos. Ele não tinha percebido até pouco tempo atrás que trabalhar para si próprio é uma opção, depois de gastar anos estudando para exames irrelevantes para seus objetivos e habilidades. Meu filho mais novo, Junior, tem 3 anos, e espero sinceramente que ele cresça em uma sociedade que aceite a autonomia de trabalhar para si mesmo e de ser dono do próprio negócio como um modo de vida perfeitamente normal.

Quanto a Lauren, Dee e Charlie, que estão todos enquadrados dentro do sistema atual, tudo que posso esperar é que eles se inspirem no exemplo de Jordan, que tem buscado os próprios meios.

Portanto, este livro é dedicado à futura geração: os meus filhos, seus amigos e seus futuros colegas de trabalho.

Espero que a geração que lê este livro ponha as lições dele em prática, para que nós, como sociedade, possamos liderar pelo exemplo e mostrar aos nossos filhos que existe outro caminho.

PREFÁCIO

No momento em que escrevo este livro, o mundo está passando por algumas mudanças significativas. O campo da política tem sido povoado por "personalidades". O coronavírus se espalhou pelo mundo, levando muitos países a estabelecerem o lockdown e entrarem em recessão. As mudanças climáticas se tornaram emergências climáticas. Para falar de algo mais próximo à minha realidade, o Reino Unido acaba de deixar a União Europeia. Mais perto ainda, em meu quintal, posso ver os impactos das tempestades Dennis e Ciara — evidências do pior clima da região neste século. Apesar de todos esses acontecimentos, prefiro me concentrar no que posso controlar.

Pode soar egocêntrico, mas essa é a realidade quando se quer fazer a diferença. Eu não posso mudar uma pandemia mundial, mas posso mudar minhas próprias ações e me proteger. Não posso reverter uma emergência, mas posso estar atento às atitudes que consigo tomar para ajudar.

Para mim, o controle é algo importante. Na verdade, é essencial.

Todas as dificuldades que enfrentei na vida tiveram a ver com a falta de controle. A percepção de que preciso controlar o que faço e como o faço tem sido um divisor de águas. E nada me deu mais controle sobre meu dia a dia do que ser meu próprio chefe.

Neste livro, compartilho as lições que aprendi ao longo do caminho que trilhei e ao ajudar milhares de outras pessoas. Espero sinceramente que ele te ajude também.

O MUNDO VIROU DE CABEÇA PARA BAIXO...

Escrevo isto em julho de 2020, apenas alguns meses depois de submeter o manuscrito final aos meus editores. Desde que terminei de escrever o livro, o mundo virou de cabeça para baixo. O que foi chamado de um potencial desafio tornou-se um verdadeiro desafio. Muitos países entraram em lockdown, a economia despencou e todos nós fomos afetados por uma pandemia séria e ameaçadora.

À medida que voltamos à normalidade, este livro nunca foi tão relevante. Se você já é dono do próprio negócio, pode usar as lições aqui expostas para recomeçar, reconstruir e prosperar.

Se você passou ou está passando por um processo de demissão, ou se sua função está se tornando obsoleta, este livro pode ajudá-lo a entender o mundo dos negócios e a assumir o controle de sua situação.

E se está pensando em se tornar seu próprio chefe, bem, este livro foi, na verdade, feito para você

Uma nota sobre o conteúdo do livro

Uma das coisas que você vai perceber conforme avança na leitura é que escrevi estas ideias em um mundo pré-covid. Você verá referências a relações de trabalho e networking de forma presencial.

A vida está diferente, e a maneira como avaliamos os riscos de contágio mudou para sempre; acredito firmemente que os negócios não são mais baseados em *B2B (business-to-business) ou B2C (business-to-consumer)*, e sim em *H2H — human-to-human* [feito por pessoas, para pessoas]. Somos seres sociais e, embora possa parecer um clichê, pessoas trabalham com pessoas, e as conversas durante o café simplesmente não podem ser substituídas por teclados e atualizações das redes sociais.

Como usar este livro se você já é dono do próprio negócio

A posição em que nos encontramos é sem precedentes.

As empresas, grandes e pequenas, estão tendo que se reestruturar. Vi em primeira mão algumas histórias notáveis de como as empresas se adaptaram durante o período de lockdown. As instituições de ensino infantil começaram a disponibilizar aulas online através de plataformas de ensino remoto como Thinkific e Kajabi. Os fabricantes têxteis produziram roupas de proteção para os sistemas de saúde. Agricultores, açougueiros e padeiros locais começaram a entregar alimentos para quem estava em isolamento. Eu cheguei a participar de um coquetel online, algo que normalmente aconteceria em um bar.

Embora essas iniciativas possam ter sido necessárias e suficientes para sobrevivermos ao lockdown, a realidade é que muitas empresas precisarão construir um novo plano para o futuro próximo. Dívidas foram assumidas, os pacotes de estímulo dos governos estão terminando e os negócios que antes conhecíamos precisaram se reinventar em escala global para prosperar em um mundo com distanciamento social.

Há três etapas neste processo:

RECOMEÇAR — RECONSTRUIR — PROSPERAR

Recomeçar: depois de crises como esta, as empresas precisam apertar o botão do reset. Na primeira metade deste livro estão as principais aprendizagens que o ajudarão a voltar a pensar no começo dos negócios. Você aprenderá sobre meu processo "Sonhe — Planeje — Faça — Reveja" e, ainda que não tenha aplicado conscientemente esse processo antes, espero que este livro possa ajudá-lo a revisitar de forma intencional seu sonho e seu plano, e a projetar um negócio que funcione para você.

Reconstruir: a última parte deste livro está focada na escalabilidade de um negócio. Durante os próximos anos, a economia estará se reconstruindo, e isso depende inteiramente do crescimento simultâneo dos novos negócios e dos já existentes. Os desafios que enfrentaremos são significativos, pois os bancos procurarão fortalecer seu próprio saldo e naturalmente se tornarão mais avessos ao risco. Você aprenderá os quatro pilares da escalabilidade, e isto pode ajudá-lo a iniciar a reflexão sobre sua plataforma de financiamento, seu modelo de crescimento, o modo como sua equipe está estruturada e qual a melhor maneira de conduzir os negócios nesta nova era.

Prosperar: esta parte é por sua conta! Permita-me ajudá-lo a recomeçar e a reconstruir, e quando seu negócio prosperar, espero sinceramente que, depois de sofrer os baixos, você aprecie os altos da montanha-russa empresarial.

Uma última nota para todos os leitores

Acredito que agora, mais do que nunca, nós, como indivíduos, queremos ter controle sobre o que fazemos e como o fazemos.

Quer sejamos funcionários ou autônomos, tivemos um gostinho do que é a liberdade nos últimos tempos. Muitos adotaram padrões de trabalho flexíveis, adaptaram-se ao ensino remoto, deixaram de perder tempo com o trajeto entre casa e escritório e encontraram um novo amor pelos pijamas velhos, adotados no lugar das vestimentas formais.

Também tivemos que estimular a iniciativa e a motivação interna. Não tivemos mais um chefe olhando por cima do nosso ombro, e mesmo assim avançamos e trabalhamos mais do que nunca. Para aqueles que foram demitidos, ouvi histórias inspiradoras envolvendo voluntariado, mentoria e contribuição à sociedade. Todos nós assumimos, de alguma forma, o controle sobre as nossas rotinas durante o lockdown.

Agora, olhando para o futuro, temos a oportunidade de nos tornarmos nossos próprios chefes.

AGRADECIMENTOS

Gostaria de dizer que este livro é fruto apenas do meu trabalho; no entanto, há inúmeras pessoas para mencionar que, de algum modo, participaram deste percurso, ajudando a dar vida a este projeto.

Gostaria de agradecer, sem nenhuma ordem em particular, a Helen Kogan e Chris Cudmore, da Kogan Page, por terem apostado em mim, confiado em minha experiência e me dado esta oportunidade; a Rebecca Bush, por ser uma editora maravilhosa e por ter me apoiado tanto, superando minhas expectativas e ajudando a moldar minhas ideias loucas em algo que fosse legível; aos meus diretores executivos na D&t, Dave Galvin e Claire Law, que ajudam a manter meu negócio funcionando sem mim, e ao meu co-presidente, Ben Herbert, por me ajudar durante a jornada de diretor a líder; ao meu grupo de mentores — vocês sabem quem são — por me desafiar e me fazer refletir sobre minhas aspirações e crenças; e ao meu coach, Dave Holland, que sempre me ajuda a ver as coisas por outra perspectiva, levando-me a questioná-las.

Também gostaria de agradecer a todos os meus colegas que de algum modo estão ligados a mim, meus fornecedores, meus clientes... todos vocês são de grande ajuda. Aos meus seguidores das redes sociais — sim, todos os cerca de 150 mil (não que eu esteja contando) —, que me ajudam a continuar criando conteúdo. Eu não me vejo como um líder de pensamento, e sim como um compartilhador de opiniões, e é apenas uma feliz coincidência quando elas os beneficiam.

Aos convidados do meu podcast, participantes das minhas palestras, ouvintes das minhas entrevistas de rádio e leitores das minhas colunas: todos vocês me dão uma razão para continuar fazendo o que estou fazendo.

E guardei o melhor para o final: agradeço à minha maravilhosa esposa, Sarah. Sua tolerância, amor, compreensão e apoio me ajudaram a chegar a uma posição em que pude escrever este livro e não desistir, e a cumprir todos os dias minha missão de ajudar os outros. Obrigado, amor.

Introdução
Seja seu próprio chefe

O mundo está se tornando autônomo em um ritmo acelerado. Todos nós já ouvimos falar em "*gig economy*" ou "freelances". Em meu país de origem, o Reino Unido, um em cada sete cidadãos é agora um profissional autônomo.[1] Estão sendo criados mais negócios próprios do que nunca. Entretanto, para muitos, a ideia de assumir o controle e ser seu próprio chefe parece fora de alcance.

Mas, o que faz esse objetivo parecer tão inalcançável? Em uma pesquisa que fiz no Twitter, com aproximadamente 300 respostas, os principais motivos listados foram falta de dinheiro e falta de confiança.

Os resultados dessa pesquisa me motivaram a escrever este livro. Eu soube, naquele momento, que tinha a oportunidade de dar bons conselhos, em uma linguagem simples, para ajudar aqueles que se sentem presos em seus empregos, gerando lucros e mais lucros para os empregadores.

Tudo gira em torno da confiança. Podemos facilmente colocar a culpa de nossos fatores pessoais limitantes nas circunstâncias externas — que, às vezes, são mesmo as culpadas, mas estou disposto a apostar que os fatores externos são menos limitantes para a maioria das pessoas do que os internos. Podemos sempre nos lamentar por não termos pilhas infinitas de dinheiro ou por sermos consumidos pelo trabalho diário. Reitero que são verdades, porém não são necessariamente a barreira que parecem. Para a maioria das pessoas, é possível encontrar tempo e dinheiro suficientes para começar, se houver uma vontade real. Com frequência, não é a falta de dinheiro ou de tempo que realmente atrapalha as pessoas: são a dúvida e o medo.

Veja, eu diria que ser seu próprio chefe é bastante fácil. Apesar dos conselhos (muitas vezes bem-intencionados) que podem nos fazer pensar duas vezes, acredito que existem apenas alguns princípios simples aos quais você precisa aderir, e algumas barreiras psicológicas que precisa superar, a fim de ter sucesso nos negócios.

Esses princípios não são complicados e podem ser facilmente aplicados a qualquer negócio. São baseados nos milhares de negócios que ajudei, a partir dos quais aprendi muito, e foram refinados para minhas palestras, minhas colunas e meus podcasts. De modo bem simples, tais princípios o permitirão identificar o que é preciso fazer para iniciar ou expandir um negócio.

Há muita confusão por aí. Mesmo as palavras que usamos para descrever aqueles que são donos do próprio negócio evocam sentimentos e reações diferentes. Ouvimos as palavras "autônomo" e "empresário", ou expressões como "*mompreneur*", "networking", "freelancer", "sócio investidor" etc., cada uma com suas próprias conotações. Nunca há palavras suficientes para descrever os indivíduos que procuram criar a própria experiência e suas motivações. Cada pessoa é única, bem como cada negócio. Este livro pretende ajudá-lo a abraçar essa singularidade e a encontrar a magia dentro de você e de seu negócio.

Tenho apenas um aviso para quem quer investir em si mesmo antes de seguir nesta jornada. Há muitos tubarões por aí que simplesmente querem ganhar dinheiro rápido. Se você tiver feito alguma pesquisa antes de começar este livro, certamente já se deparou com maneiras "garantidas" de ganhar milhões online e processos "inacreditáveis" para transformar sua vida. No início dos anos 2000, a internet estava inundada com esquemas anunciados no Google Adsense que prometiam liberdade financeira. Desde então, vemos esquemas de marketing de afiliados, cursos online sobre "funis de venda" e automação, grupos de associados e muitos outros produtos similares. O marketing digital é talvez o maior esquema de pirâmide do mundo, e para cada "guru" parece haver milhares de seguidores que realmente acreditam que um curso de 97 dólares vai transformar suas vidas. Odeio ter que dar essa notícia, mas a realidade não é assim, e não posso prometer que você vai ficar rico rapidamente.

Entretanto, o que *posso* fazer é oferecer ao leitor a chance de viver sua própria vida, sob suas próprias condições e com o controle de seu destino. Isso só é possível quando você é seu próprio chefe. Além disso, o negócio que você construirá será sustentável, erguido sobre bases fortes, e não dependerá dos últimos modismos de marketing.

Estar no mundo dos negócios é uma jornada ou, às vezes, um passeio de montanha-russa. Há inúmeros altos e baixos tortuosos. Há dias em que mal podemos acreditar na própria sorte, e outros em que queremos nos esconder e rezar para que tudo se resolva. No entanto, posso garantir uma coisa: uma vez que tomar gosto pela coisa, você não voltará a ser funcionário.

Uma nota sobre a linguagem

Você não teria pegado este livro sem algum nível de curiosidade sobre o estranho mundo em que os donos de negócios parecem viver. Alguns pensam que eles devem ser empresários como Bill Gates, transformando em ouro tudo o que tocam; na outra ponta da escala, outros pensam naquele membro da família que dirigia um negócio cheio de dificuldades, trabalhando sem descanso apenas para colocar comida na mesa. Quaisquer que tenham sido suas ideias sobre os donos de negócios até aqui, você provavelmente está certo até determinado ponto: a realidade de dirigir um negócio realmente abrange esses dois extremos, e muitos outros pontos no meio. Não há um padrão de normalidade quando se trata deste universo, e a linguagem usada aqui reflete isso.

Algumas pessoas gostam de se descrever como empreendedores; outras gostam de dizer que estão "tocando o próprio negócio". Mas, ao longo deste livro, frases diferentes serão usadas em momentos diferentes, sem conotações negativas ou positivas associadas a cada uma. A meu ver, um dono do próprio negócio é um empreendedor, e vice-versa. Há, no entanto, uma grande diferença entre ser o dono do próprio negócio e ser autônomo, a qual será abordada mais adiante.

Parte um

Sonhe

01

Por que você deveria ser seu próprio chefe?

Neste capítulo você vai:

- descobrir a realidade da gestão de um negócio;
- entender por que as pessoas começam um negócio e continuam engajadas nele;
- descobrir a diferença entre ter um negócio e ser autônomo;
- descobrir os diferentes tipos de donos de negócios.

Antes mesmo de começar a pensar se você *deve* ser seu próprio chefe, você precisa considerar por que *gostaria* de ser seu próprio chefe. O que o levou a pegar este livro? Um sonho de vida, ou um momento inspirado por uma citação motivacional nas redes sociais? Você está pensando em uma perspectiva maior, ou apenas tentando escapar da busca por um emprego? Cada um de nós tem diferentes motivações, e compreender o que nos levou a determinado ponto pode ser extremamente útil quando as coisas não acontecem como planejadas.

Eu não queria ter que jogar um balde de água fria nas coisas, particularmente nesta fase inicial do livro, porém, é preciso falar de algumas realidades da gestão de um negócio que tendem a não ser compartilhadas publicamente. Eu não prometi que esta jornada seria fácil! Vamos refletir sobre isso primeiro.

A realidade da gestão de um negócio

Realidade dos fatos nº 1: você não vai escapar da "corrida dos ratos"

Odeio dizer isso, mas é verdade. Quando estamos presos a um trabalho comum, de horário comercial, pode ser que olhemos para os donos do negócio com algum nível de inveja, seja pelos horários flexíveis, pela falta de um chefe a quem obedecer, ou pela ideia preconcebida de que eles estão nadando em rios de dinheiro.

Esses pensamentos podem contribuir para grandes devaneios, mas a realidade é que quase todos os autônomos acabam em uma "corrida de ratos" pessoal, e muitos donos de negócios também (abordaremos as diferenças entre os dois mais à frente, pois esse será um tema recorrente). Antes de mergulhar às cegas em um novo empreendimento, é importante entender que manter um negócio é um trabalho árduo, e, no começo, é provável que haja pouca recompensa financeira.

Uma das duras realidades é que não existe um "preço de mercado" para o seu tempo como dono de um negócio. Não existe o conceito de um "salário mínimo". Pense em um encanador autônomo que cobra um determinado valor por hora, mas que na realidade passa muitas horas sem faturar nada, divulgando seu negócio, deslocando-se entre um trabalho e outro, fazendo a própria gestão, ou simplesmente esperando aparecer mais trabalho. No começo, você precisa estar ciente de que haverá tanto investimento de dinheiro quanto de trabalho não remunerado para construir um negócio.

Realidade dos fatos nº 2: as coisas nem sempre saem como planejado

Este é outro indicador de que não é fácil. Eu gostaria de dizer que já vi um negócio atingir suas projeções perfeitamente, mas isso nunca acontece. Na verdade, posso quase afirmar com certeza que você não vai atingir suas projeções financeiras e operacionais. Você terá mais chances de ganhar na loteria do que obter com exatidão cada valor e proporção desejados antes de começar. Há muitas incógnitas no futuro, e esperar desempenho impecável em relação às projeções é irrealista.

Em minha experiência, isso significa que é mais provável que você seja otimista em seus planos do que pessimista. É provável que você preveja que terá mais clientes, com maior gasto médio e melhores margens de lucro. E é provável que você esqueça de incluir alguns custos do negócio em suas previsões. Não fiz uma análise estatística de todos os negócios que ajudei para verificar esse fato, mas também não consigo me lembrar de um único exemplo em que um negócio tenha superado massivamente suas expectativas mais extravagantes logo no começo.

Há uma razão simples para isto. Quando qualquer um de nós olha para um novo empreendimento, o fazemos com otimismo; se não fôssemos otimistas, provavelmente não teríamos tentado! Pensemos de forma lógica: por que alguém deixaria um trabalho estável e seguro para fazer algo que não funciona? Deixar para trás o conforto de uma renda mensal garantida, a companhia dos colegas de trabalho e o luxo dos fins de semana de folga é um passo difícil, e a maioria de nós não abandonaria isso sem sonhar com algo muito melhor.

Dito tudo isso, o otimismo não é motivo para não ir adiante na construção de um negócio. Longe disso. Na verdade, você precisa abraçar qualquer sentimento otimista que tiver, pois precisará disso durante os altos e baixos ao longo do trajeto. O otimismo é uma espécie de ativo vital para o estabelecimento de sua visão no princípio de tudo, apenas certifique-se de mantê-lo sob controle ao traçar suas projeções e planos para o negócio.

Realidade dos fatos nº 3: você será testado além de sua zona de conforto

Ser seu próprio chefe parece fácil. Você pode escolher a que horas quer começar a trabalhar, estacionar bem ao lado da porta e ter assistentes para fazer de tudo, desde digitar seus documentos até organizar sua próxima viagem de entretenimento corporativo. E seus funcionários também farão o trabalho "de verdade", não é mesmo?!

Esses pensamentos são comuns para aqueles que têm uma mentalidade de funcionário. A realidade de tocar seu próprio negócio, porém, é muito diferente. No início, você será responsável por tudo e fará cada uma das funções. Você será o diretor geral, o digitador e a pessoa que serve o café. Você provavelmente será também a pessoa responsável pela limpeza! Terá que fazer coisas que não quer fazer e que não sabe como fazer.

Logo no início da jornada de negócios, você terá uma percepção exata do quanto não sabe. E digo com algum grau de certeza que é muito! Embora possa ter experiência em algumas das áreas cruciais — como vendas ou finanças —, logo descobrirá que fazer malabarismos com suas habilidades de vendas, envolvendo os pormenores analíticos requeridos a um diretor financeiro, enquanto também gerencia uma equipe terceirizada de desenvolvedores e procura por fornecedores adequados, é um tanto difícil.

Você verá também que a montanha-russa emocional será muito mais estimulante do que qualquer coisa que seu antigo emprego poderia oferecer. Se as projeções de fluxo de caixa para o mês seguinte parecerem um pouco apertadas, o problema é apenas seu. No começo, você será responsável por todo ganho e toda perda no negócio, e os sentimentos com relação a cada um deles serão ampliados. Haverá momentos estressantes que você nem sequer imagina, e outros tão satisfatórios que você não conseguirá cogitar viver uma vida diferente. Saber lidar com esses altos e baixos é um dos principais pontos fortes na maioria dos donos do próprio negócio que conseguem persistir além dos primeiros dois anos.

Realidade dos fatos nº 4: você vai trabalhar mais tempo, e mais duro, do que já trabalhou para qualquer outro chefe

Há uma ótima frase que eu acho que resume a experiência daqueles que trabalham por conta própria: "Você vai deixar de trabalhar para um idiota e passar a trabalhar para um maníaco."

Aqueles que já deram o salto para se tonarem autônomos provavelmente lerão a frase com um sorriso irônico. O estresse de não atingir seus objetivos iniciais e de descobrir isso no meio do caminho obriga o chefe a trabalhar horas insustentáveis para poder manter vivo o sonho. Certa vez me disseram que "a melhor coisa de ser autônomo é poder escolher quais as 18 horas do dia você quer trabalhar".

Entretanto, à medida que seu negócio cresce, você provavelmente descobrirá que seu nível de recursos também aumenta, até chegar ao ponto em que o negócio adquire escala, com uma equipe de gestão e liderança adequada. O "porém" disso é que apenas uma porcentagem muito pequena de empresas cresce o suficiente para ter uma equipe que libera o dono do trabalho do dia a dia. Apenas 4% das empresas britânicas atingem um volume de faturamento de 1 milhão de libras, e dessas, apenas 10% atingem 10 milhões.[1] Mesmo em negócios que movimentam mais de 10 milhões de libras por ano, ainda encontro proprietários presos como parte integrante da equipe.

Há maneiras de construir um negócio rentável que não dependa de você. Eu não teria tido tempo e liberdade para escrever este livro se não fosse esse o caso. Há muitos sacrifícios, não apenas financeiros, que precisam ser feitos para conseguir isso. Na última seção deste livro, veremos como construir um negócio verdadeiramente escalável, se é isso que você quer.

Realidade dos fatos nº 5: você e seu negócio ficarão interligados

É isso mesmo. Sabe aquelas pessoas estranhas que estão sempre checando e-mails e fazendo ligações a respeito de trabalho durante as férias? Elas não fariam isso se não fosse por uma razão muito forte.

Uma coisa estranha acontece quando se é dono do próprio negócio: o mundo pessoal e o mundo profissional não andam mais separados. Os conhecidos do trabalho se tornam amigos pessoais, e vice-versa. Os fins de semana se tornam dias de semana, e os dias de semana se tornam fins de semana. O equilíbrio entre as duas esferas se torna muito mais difícil de alcançar; o trabalho e a vida pessoal podem até mesmo se tornar um só.

Isso não quer dizer que não deve haver tempo para descanso. Isso não poderia estar mais longe da verdade. Todo dono de negócio precisa tirar um tempo para recarregar suas energias e reavaliar o que está fazendo e por que está fazendo. No entanto, é certo que no início dessa jornada, a separação entre vida pessoal e profissional se torna muito difícil.

Se quer começar um negócio, precisa aceitar o fato de que nunca mais baterá ponto às cinco da tarde de uma sexta-feira.

Um momento para refletir

Essa realidade é algo que o desencoraja? Se não, pense a seguir no impacto que a gestão de um negócio pode ter sobre sua família ou outros dependentes. É importante não se desiludir.

Então, por que você *deveria* ser seu próprio chefe?

Se ainda está comigo, você apresentou o primeiro sinal de resiliência que um empresário precisa! Imagino que esteja se perguntando por que diabo gostaria de começar um negócio se eu acabei de pintar um quadro tão negativo. Bem, acredito genuinamente que, embora as realidades listadas anteriormente sejam verdadeiras, há algum tipo de magia que vem delas. Essa magia acontece quando se está no controle do próprio destino: você não a vê, mas com certeza ela está lá. Apesar de todo o trabalho e das dificuldades, você ainda se sente energizado e realizado. Por quê? Porque você está dando os primeiros passos para o que chamam de autoatualização.

Para aqueles que não realizaram um treinamento formal de gestão, por favor, permitam-me explicar brevemente. Há um modelo, desenvolvido por um cavalheiro chamado Abraham Maslow, no qual ele expõe os cinco níveis de motivação humana.[2] Esse modelo começa com nossas necessidades humanas básicas de alimentação e abrigo (as necessidades fisiológicas), e passa pela segurança, pertencimento e estima, até chegar ao nível final de autoatualização. A melhor definição de autoatualização veio do próprio Maslow, que a definiu como um desejo de "se tornar tudo o que alguém é capaz de se tornar".[3]

E por que entramos nessa?

A mágica da coisa toda pode explicar por que as pessoas continuam em algo que parece uma jornada ilógica de trabalho duro com pouca recompensa, mas não explica por que tantos de nós queremos começar tal jornada. Em uma pesquisa feita pela World Options, 68% dos entrevistados declararam que gostariam de começar seu próprio negócio ou estavam dando passos ativos em direção a isso.[4] No fundo, a maioria de nós sabe que a fachada do empreendedorismo glamourizada na TV e nas redes sociais não é o que parece, e em algum nível temos noção das cinco realidades listadas anteriormente. Então, por que as pessoas iniciam os próprios negócios?

Seria tentador para mim adivinhar as razões. Eu mesmo seria um exemplo, já que passei por isso e conheço minhas motivações. Em vez de simplesmente transferir minhas crenças e ideias para outros, porém, vejamos algumas das pesquisas que já foram feitas a respeito.

Em 2015, uma empresa de software, chamada Keap, juntamente com a Audience Audit Inc., investigou cerca de 800 pequenos negócios (com 25 funcionários ou menos) nos Estados Unidos para obter uma compreensão mais profunda de suas atitudes, tanto no início de seus negócios como no momento da pesquisa.[5] Criaram quatro perfis distintos para agrupar os entrevistados:

- **Criadores apaixonados** (25%): os criadores apaixonados começaram seus negócios por amor ao que fazem e acreditam sinceramente que a paixão é uma qualidade crucial dos pequenos empresários de sucesso. Seus objetivos frequentemente são descritos como "fazer o trabalho que amo", e muitas vezes eles se referem a si mesmos como "empreendedores" e não com qualquer outro termo. Os resultados da pesquisa também identificam os criadores apaixonados como o perfil mais bem-sucedido e otimista.
- **Caçadores de liberdade** (23%): os caçadores de liberdade iniciaram seus negócios porque valorizam a capacidade de controlar suas experiências. Eles querem administrar seus horários, sua trajetória profissional e o ambiente em que trabalham. Os entrevistados em questão construíram seus negócios em torno da noção de flexibilidade e são os menos propensos, dos quatro perfis, a ter mais de um funcionário.
- **Fundadores de legado** (28%): os fundadores de legado acreditam que os pequenos negócios são mais éticos e vitais para a economia do que as grandes corporações. Eles começaram seus negócios para levar algo novo ao mercado. Tal postura lhes dá sensação de estabilidade em relação ao futuro — e ao futuro de sua família, pois seus negócios também foram criados para ajudar a garantir suas aposentadorias.
- **Sobreviventes da luta** (24%): o perfil dos sobreviventes da luta é o retrato da fria e dura realidade de ser dono de um negócio — às vezes é mais assustador do que gratificante. A maioria dos

> entrevistados nesta categoria são autônomos sem funcionários; são os menos otimistas em relação ao empreendedorismo, e é provável que a razão pela qual entraram no negócio seja um sonho há muito esquecido.

Como você pode ver, há uma grande variedade de razões pelas quais as pessoas decidem correr atrás de suas próprias experiências. Algumas querem escapar de um emprego martirizante, algumas não têm opção e outras não sossegam até arriscar. Todas têm suas motivações e sonhos pessoais.

Um momento para refletir

Por que você está fazendo isso? Sem uma razão forte por trás, você terá muita dificuldade de se manter motivado.

As motivações mencionadas são exemplos dados por empresários experientes que refletiram sobre as razões pelas quais eles arriscaram entrar nessa. Se te fizerem a mesma pergunta daqui a cinco anos, como você responderá?

Qual é a diferença entre ser autônomo e ter um negócio?

Já mencionei que existe uma diferença entre ser autônomo e ser dono de um negócio. Essa talvez seja a maior confusão dentro da comunidade de negócios, e, uma vez que entenda a diferença, ficará decepcionado com aqueles que deliberadamente confundem os dois.

Talvez a maneira mais fácil de os diferenciar seja considerar se as atividades poderiam prosseguir sem que o proprietário estivesse envolvido no negócio todos os dias. Essa é uma maneira realmente rápida de identificar se um negócio é escalável. Se ele tem potencial de continuar sem o envolvimento diário do proprietário, é um negócio escalável. Se o proprietário é parte integrante do propósito e do funcionamento do dia a dia, e a coisa toda iria à falência sem ele, então essa pessoa é autônoma.

É importante ter em mente que nem todos querem começar um negócio escalável. Na verdade, a maioria dos negócios são de fato administrados e operados por autônomos. Dos 5,5 milhões de empresas no Reino Unido, 76% não têm funcionários. Além disso, 94% desses negócios sem funcionários operam em um único local, como um escritório em casa ou alugado.[6] Em outras palavras, é completamente possível "ser seu próprio chefe" sem ser realmente um chefe, além de também trabalhar de forma terceirizada.

É claro que não é assim tão binário. As fases de ser autônomo, ser dono de um negócio e ser empresário cobrem vários arranjos de trabalho e vários tipos de negócios diferentes, desde um motorista de Uber a indivíduos como Richard Branson, fundador do Grupo Virgin. É evidente que existem enormes diferenças entre esses dois exemplos e, por isso, é inapropriado confundir os modelos de negócios.

Assim, tocamos em outro ponto simples que ajuda a diferenciar os autônomos dos donos de negócios: podemos levar essa diferenciação um passo adiante, identificando as fontes de renda em cada um. Um indivíduo que trabalha por conta própria é dependente de seus próprios esforços e das horas que dedica ao negócio, já que esses fatores têm uma correlação direta com sua renda pessoal. Por outro lado, um negócio gera renda a partir dos esforços de vários funcionários, e receita a partir de vários clientes. Assim, usando esse modelo, podemos dizer que o autônomo depende de uma fonte de renda, enquanto o dono de um negócio depende de múltiplas fontes de renda, mesmo que todas elas sejam recebidas por uma pessoa jurídica.

Não há resposta certa ou errada quando a dúvida é entre tornar-se autônomo ou construir um negócio. Todos nós temos diferentes conjuntos de habilidades, diferentes experiências e, como veremos a seguir, diferentes personalidades que podem impactar a maneira como procuramos construir e expandir um negócio.

O que isso significa para alguém que quer ser seu próprio chefe? É importante para qualquer potencial dono de um negócio compreender verdadeiramente o que ele quer que seu negócio seja. Muitos trabalhadores autônomos estão felizes com seu modelo e não têm vontade de construir negócios escaláveis. Pode ser que eles gostem do que fazem e se contentem em simplesmente cortar a existência de um chefe dizendo-lhes como fazê-lo. Podem também apreciar o aumento de renda que ocorre ao faturarem seus serviços diretamente com os clientes. Um negócio independente é importante tanto para seu proprietário quanto para a economia, na mesma medida que um negócio muito maior. Entretanto, se você se propuser a construir uma empresa com alto potencial de escalabilidade, poderá ficar frustrado se tiver que operar como único funcionário devido a restrições como financiamento. Da mesma forma, se você deseja ser autônomo, pode descobrir que administrar vários funcionários ultrapassa sua zona de conforto e não condiz com seus desejos e, por sua vez, não achará o negócio tão satisfatório quanto poderia ser.

Como escolher o tipo de negócio a se administrar?

Em seu livro *O mito do empreendedor*, Michael Gerber descreve o empresário, o gestor e o técnico:[7]

- o **empresário**: o visionário que acha fácil estabelecer grandes planos, mas descobre que eles ficam atolados nos detalhes;
- o **gestor**: trabalha bem com sistemas e processos e gosta de garantir que tudo esteja estruturado e organizado;
- o **técnico**: gosta de pôr a mão na massa e de fazer um trabalho bem-feito, sem muita interferência de um gestor ou de um empresário.

Essa descrição dos três tipos de personalidades pode ser vista como uma versão mais amigável do modelo empresarial que categoriza os funcionários como o lado estratégico, tático e operacional de qualquer negócio. Em resumo: as funções **operacionais** de qualquer negócio se concentram na rotina, nos assuntos simples do dia a dia; enquanto a parte **tática** de um negócio (a camada de gestão) se concentra nas decisões de médio prazo e na implementação da **estratégia**, decidida pelos estrategistas (ou o empresário).

Trazendo essa teoria cheia de jargões à linguagem simples, qualquer potencial dono de um negócio precisa decidir onde se encontra entre esses tipos de personalidade e como gostaria que seu negócio se desenvolvesse. Se você é naturalmente um técnico e gosta do trabalho que faz, pode achar a área de gestão desconfortável. Da mesma forma, se você for naturalmente um gestor, pode achar mais fácil trabalhar com uma equipe à qual possa agregar valor.

Observe que não estamos fazendo nenhum tipo de julgamento entre os três tipos de personalidade; cada um é tão válido quanto o outro, e não há limitações ao seu negócio ocasionadas por seu tipo de personalidade. De fato, algumas startups de crescimento mais rápido nos últimos tempos foram fundadas por técnicos, não por empresários estereotipados. O importante é entender qual o seu tipo de personalidade e garantir que seu negócio seja construído de tal forma que você se sinta confortável com o início e o crescimento dele. E, é claro, essa análise de personalidade é bastante simplista; a maioria das pessoas é composta por elementos dos três tipos. Tendo todas essas advertências em mente, esse modelo pode servir como uma forma útil de se avaliar e de ajudar a entender como sua empresa precisa ser no futuro.

Um momento para refletir

Que tipo de proprietário você é? Empresário, gestor ou técnico? Se achar difícil decidir, tente pensar em seus colegas de trabalho e gestores e coloque-os em alguma das categorias. Pense em como eles abordam as situações e se eles se encaixam no molde em que estão empregados. Isso pode ajudá-lo a entender o que procurar ao se avaliar, o que é sempre mais difícil de fazer!

Resumo do Capítulo 1*

Neste capítulo, analisamos a realidade do início de um negócio. Vimos que não é nem de perto tão glamoroso quanto às vezes parece. Se você ainda está lendo, demonstrou ter algo da resiliência necessária para criar um negócio!

Antes de prosseguir, reflita sobre todas as questões apresentadas ao longo do capítulo e responda as seguintes perguntas:

- Que tipo de negócio eu quero?
- Ser autônomo / Ter um negócio
- Que tipo de personalidade eu tenho?
- Técnico / Gestor / Empresário
- Por que estou começando um negócio?

* No original, o autor orienta os leitores a visitarem o seu site e lerem materiais complementares para cada capítulo. Para ter acesso a esses conteúdos, visite www.carlreader.com/bossit (disponível em inglês). [N.E.]

02

A diferença entre o sucesso e o fracasso

Neste capítulo você vai:

- descobrir as diferenças entre ter um emprego e ser seu próprio chefe;
- compreender os quatro elementos-chave para administrar um negócio de sucesso;
- descobrir onde a maioria das empresas erra e o que causa seu fracasso;
- entender mais sobre o que é preciso para ser um dono de negócios bem-sucedido.

No capítulo anterior, começamos deliberadamente mostrando o lado negativo. Parabéns por ter resistido até aqui! Será um tema comum ao longo de sua jornada empresarial. Tocar um negócio não é fácil. Pode ser simples, mas não é fácil. Se fosse, todos estariam fazendo isso e vivendo o próprio sonho.

Dono de um negócio bem-sucedido: não existe essa coisa de ser um típico empresário

É claro que nem todos são seus próprios chefes. Nem todo mundo pode ser (mas espero que tenha ficado claro no último capítulo que *qualquer um* pode ser). O estereótipo popular é que todo empresário é um indivíduo jovem e dinâmico que não se sentiria inadequado em um reality show como *O aprendiz*. A realidade é que há donos de negócios de todos os tipos, e eles não podem simplesmente ser classificados por gênero, idade, raça ou origem. Embora vejamos histórias nos jornais sobre adolescentes que constroem aplicativos multimilionários, não ouvimos falar das legiões de trabalhadores mais velhos que iniciam seu próprio negócio faltando poucos anos para se aposentarem. Ouvimos falar de empresários que dão o pontapé inicial com o dinheiro da família, mas não dos empresários em todo o mundo que começam depois de terem ido à falência, sem dinheiro nenhum. A questão é a seguinte: não há limitações quando se trata de quem pode iniciar um negócio. Você pode ser vizinho de um futuro grande empresário sem saber disso.

Um momento para refletir

O que o impede de iniciar um negócio? Haveria alguma crença de como um empresário "precisa ser" (em termos de idade, histórico financeiro, raça, neurodiversidade etc.) atuando como barreira para seu objetivo?

A esta altura, você já conhece as diferenças entre ser um profissional autônomo e ser o dono de um negócio escalável, e também sabe quais os diferentes tipos de personalidade de quem está no mercado de trabalho. Independentemente do seu próprio tipo de personalidade e de suas intenções, existem algumas diferenças significativas entre ter um emprego e ser seu próprio chefe das quais você precisa estar ciente.

Espaço para falhar

Mencionei na introdução que um dos dois principais fatores que impedem as pessoas de iniciarem seus próprios negócios, com base na minha pesquisa, é a falta de confiança. Muitos simplesmente não têm a confiança de que seus negócios serão um sucesso, de que atrairão clientes suficientes para pagar as contas, e, o mais importante para alguns, de que não falharão.

Isso revela o ponto crucial da diferença entre ter um emprego e ser autônomo. Quando se está empregado, é raro que haja a possibilidade de falhar miseravelmente. No Reino Unido, os direitos trabalhistas impedem as empresas de demitir pessoas à toa e, assim, há certa segurança para o trabalhador. Se não tivermos um bom desempenho, podemos passar por uma avaliação e receber treinamento para nos ajudar a melhorar. E se isso não funcionar, há sempre a alternativa de mudar de função, ou a oportunidade de pular fora antes que você seja empurrado. A rotatividade de funcionários é cara tanto em tempo quanto em dinheiro para os empregadores, e muitos patrões e empresas estão relutantes em deixar as pessoas simplesmente saírem. Mesmo sem a lei, como funcionário, um senso de segurança ainda existe até certo ponto.

Para os homens e mulheres de negócios, o mercado é um juiz mais cruel. O mercado decide se você está tendo bom desempenho ou não, e, se não estiver, seus clientes podem ficar insatisfeitos. O mercado decide se você é digno de financiamento bancário, e, se não for, você vai se deparar com "mais mês do que dinheiro". O mercado também decide se você é um bom empregador ou não, e você vai descobrir que é extremamente difícil recrutar os melhores talentos se esse fator estiver contra você. Essas são apenas algumas das diferenças entre ter um emprego e ser seu próprio chefe.

Outras diferenças importantes

Finanças

Ao se tornar seu próprio chefe, você precisará administrar sua situação financeira, já que não há salário garantido no final do mês.

Será preciso lidar com as flutuações sazonais em seu negócio e com o risco de perder alguns clientes importantes da noite para o dia. Você também precisará assumir suas obrigações fiscais, já que elas não serão automaticamente deduzidas de seu contracheque. Isso pode surpreender a maioria dos novos donos de negócios que estão acostumados a viver mês a mês com o que seu empregador lhes paga.

Clientes

Na sequência, você será responsável por encontrar e manter clientes. Como funcionário, você teria apoio para isso. Mesmo que encabeçasse uma equipe de vendas, ainda contaria com uma equipe de marketing para fornecer material de apoio e com o dono do negócio para apresentar uma perspectiva e uma estratégia. Em seu próprio negócio, tudo depende de você. Assim como manter o lado administrativo em ordem. E também deixar os clientes satisfeitos.

Concorrência

Você também estará mais exposto à concorrência. Como funcionário, a competição consiste, geralmente, em concorrer a alguma promoção com outros colegas. Dependendo do tipo de empresa, isso envolve puxar o saco de alguém, ou outros comportamentos nocivos. Para donos de negócios, não há limites. Qualquer pessoa que forneça o mesmo serviço ou produto que você pode ser seu concorrente. Haverá outros tentando ser melhores, mais eficientes e mais baratos do que você e, se tiverem sucesso, seu bolso sentirá imediatamente.

Aí estão os pontos negativos. Vamos aos benefícios.

Gestão

Tenho certeza de que alguns de vocês que estão lendo já trabalharam para *aquele* tipo de gestor — sabem a que tipo me refiro: aquele tão obcecado com bobeiras que perde de vista o que realmente importa; aquele que aparentemente poderia fazer o trabalho por conta própria, já que ele "sabe mais".

Ou, pior ainda, o *outro* tipo de gestor — aquele que vai contra todas as regras, só para se beneficiar. Em vez de elogiar em público e criticar em particular, ele pisa em quem for preciso, apenas para conseguir sua próxima promoção. Toda boa ideia é dele, e todo problema é culpa de outra pessoa. Assumir uma tarefa é uma raridade; delegar — ou abdicar — é a chave do sucesso desse tipo de gestor.

Ao ser seu próprio chefe, você pode escolher qual desses tipos quer ser. Ou, é claro, pode optar por fazer seu trabalho corretamente.

Estratégia, controle e escolha

Você também será capaz de controlar seu próprio destino. Estará no controle do que ganha, das horas que trabalha, do tipo de trabalho que faz, do tipo de negócio em que trabalha, do tipo de cliente para o qual trabalha e da maneira como faz seu serviço. Estará no controle de seu ambiente de trabalho, de sua agenda e pode até mesmo escolher sua marca preferida de café.

Mais além, você estará no controle da cultura de sua empresa, dos sistemas e processos, da estrutura administrativa, da metodologia de crescimento, do número de funcionários, dos financiamentos que a corporação pode obter, de seu patrimônio e de sua aposentadoria.

Ser dono de um negócio abre muitas frentes de liderança, o que pode ser bastante assustador para aqueles que estão acostumados a ser funcionários sob a supervisão de um gestor. É muita responsabilidade, e é necessário ter resiliência e perseverança.

Um momento para refletir

Pense em quando se sentiu motivado no trabalho. Foi um bom gestor que o incentivou? Foi por causa do feedback positivo de um cliente?
Ao ter seu próprio negócio, a motivação terá que vir de você mesmo e irradiar para sua equipe quando começar a contratá-la. Seja honesto consigo mesmo: você vê o copo meio cheio ou meio vazio? Como vai se reerguer quando a pressão o derrubar? Você tem apoio fora do negócio?

Motivação, validação e estabelecimento de metas

Se você passou algum tempo refletindo sobre o último ponto de ação, sem dúvida refletiu sobre o que te motiva. Há um lema de que as pessoas são motivadas pela recompensa ou pela punição — elas se movem em direção à recompensa, ou se afastam da punição. Quem já leu um livro de autoajuda ou de desenvolvimento pessoal com certeza já se deparou com esse conceito antes. Se você tiver algo em comum com o público para o qual fiz palestras ao redor do mundo, provavelmente está dando pouca importância a este parágrafo, pensando que é motivado pela recompensa.

Você tem certeza?

Recompensa e punição

Dê um passo atrás por um momento e pense no que *realmente* te motiva. A maioria das pessoas diz, de forma mecânica, que é motivada pela recompensa, simplesmente porque é isso que a sociedade espera de nós. Vemos que alguns parecem estar focados em carros mais luxuosos, relógios mais bonitos e metas financeiras grandiosas. Eu diria que, na realidade, a maioria de nós é motivada pelo medo da punição. Não acredita em mim? Faça a si mesmo estas perguntas:

- Na escola/universidade, você alguma vez virou a noite estudando na véspera de uma prova?
- Já ficou acordado até tarde para terminar um projeto?
- Já adiou algo para a próxima semana, mês ou ano?
- Já teve algum problema de saúde que o assustou e o encorajou a fazer mudanças em sua vida?
- Você faz sua declaração de imposto de renda com antecedência?

Não é preciso atribuir algum tipo de pontuação. A menos que você tenha motivação sobre-humana, é provável que pelo menos uma das respostas para as perguntas mencionadas tenha demonstrado que *parte* de sua motivação vem do medo da punição, e não do anseio pela recompensa. Tudo que procrastinamos para fazer seria de alguma forma mais fácil se não deixássemos para a última hora: estaríamos mais relaxados para as provas, mais preparados para as obrigações fiscais ou evitaríamos completamente os sustos causados por problemas de saúde. A realidade é que às vezes precisamos de um empurrão para fazer as coisas acontecerem.

Afastando-nos da visão binária de recompensa *versus* punição, devemos também considerar que podemos lidar com várias atividades de maneiras diferentes. Por exemplo, optamos por fazer coisas que nos agradam, enquanto adiamos as que parecem maçantes. Isso é um comportamento completamente comum! Porém, quando tocamos um negócio, precisamos reconhecer que haverá tarefas que teremos que fazer e adoramos, e outras que precisam ser feitas e que não suportamos.

Metas para alcançar e metas do que evitar

Vamos avaliar isso de uma perspectiva prática. Já vimos que a maioria das pessoas tem uma mistura de motivações, e que grande parte é pelo menos parcialmente motivada pela punição. O que isso significa na prática? Pense em como a maioria das metas são estabelecidas. Uma lista comum de resoluções para o Ano Novo pode ser:

- Perder 5 quilos até março;
- Guardar 10% de minha renda todo mês;
- Parar de fumar imediatamente;
- Reduzir o consumo de álcool e beber apenas nos fins de semana;
- Aprender um novo idioma, com fluência em conversação, antes do segundo semestre;
- E assim por diante...

Essas metas parecem perfeitamente razoáveis, certo? Todo mundo já fez uma lista dessa, não é verdade? Estabelecemos metas que parecem se encaixar em todos os critérios habituais — são específicas, mensuráveis, atingíveis, relevantes e com prazos determinados (na linha do método SMART) —, porém, quando se trata de implementá-las, há um problema fundamental: metas como essas são todas baseadas na recompensa. Todas elas estão focadas no que queremos *alcançar*, e não no que queremos *evitar*.

O problema não são as metas em si. É claro que qualquer meta que estabelecermos terá a finalidade de ser alcançada. Não visaríamos de bom grado algo que não representasse uma conquista. O problema é o contexto que colocamos em torno delas e como nos propomos a alcançá-las. Procuramos implementar uma meta para algo que queremos alcançar dando um primeiro passo, e depois outro, e depois outro. Para aqueles de nós que são motivados pela punição, esse método não funciona.

Um momento para refletir

Pense em como você se motiva. Você pode ter respondido, por instinto, que é pela recompensa, mas será que é mesmo? E independentemente de ser pela recompensa ou pela punição, seus objetivos apoiam ambos os métodos de motivação e de responsabilização? Se você precisa de uma pequena punição para fazer as coisas, como pode introduzir isso em seu planejamento e estabelecimento de metas?

Validação interna e externa

Vale a pena considerar também os dois tipos diferentes de validação individual. Alguns de nós são mais motivados externamente; isto é, tendemos a esperar feedback e tapinhas nas costas quando fazemos um bom trabalho. Outros são mais motivados internamente: não é preciso que outros nos digam que estamos indo bem, pois sabemos dentro de nós mesmos que tudo está bem. Isso será diferente para cada pessoa e para cada ambiente, de acordo com nossos próprios níveis de estresse e de saúde mental, mas vale a pena considerar onde você se localiza nesta escala.

Mais uma vez, é comum se equivocar quanto a esse aspecto. Pelo menos, foi o que vi ao trabalhar com milhares de donos de negócios e ao conversar com outros mais. Sempre que pergunto aos ouvintes de uma palestra como eles se veem nesse aspecto, a maioria ergue a mão para afirmar que se motiva internamente. O caso se repete em vários países do mundo e em vários tipos diferentes de público. Isso sempre me faz sorrir, principalmente se os vejo sentados ali com equipamentos e vestimentas de marcas famosas e ostensivas. É simplesmente uma negação.

Assim como a pergunta da recompensa/punição, não há resposta certa ou errada. É provável que todos sejamos motivados por uma combinação de validação interna e externa em contextos diferentes também. A chave é que você responda de acordo com o que é certo *para você*, e não como acredita que precisa responder para ser bem-visto. A partir disso, é possível descobrir a melhor maneira de enquadrar seus objetivos.

Usando a mim mesmo como exemplo um pouco autocentrado, posso confirmar que, no geral, sou motivado pela punição e muito motivado externamente. Assim, uma boa maneira para que eu atinja um objetivo — digamos, "perder cinco quilos até março" — seria publicá-lo nas redes sociais com algumas fotos embaraçosas e uma declaração de que, se eu for visto comendo algum bolo, meus seguidores têm permissão para me envergonhar publicamente. Isso ativa as engrenagens de motivação externa e instiga o medo de punições em um único post!

Um momento para refletir

Agora que você sabe como se motiva, pense em como busca validação. Você precisa tornar suas intenções públicas? Caso precise, deixo apenas um conselho de cautela: certifique-se de equilibrar o sigilo comercial com a necessidade de motivação externa. Nem sempre é prudente contar seus planos antes de agir, particularmente se você estiver amarrado por alguns segredos comerciais ou acordos de não concorrência!

O que torna um negócio bem-sucedido

Agora que analisamos o que torna um dono de negócios bem-sucedido, podemos analisar o que torna um negócio bem-sucedido. Se perguntar a algum amigo o que faz um negócio ser bem-sucedido, você ouvirá uma série de comentários, tanto positivos como negativos, de diversos pontos de vista:

- Uma nova invenção que todos precisam;
- Um empresário inspirador na liderança;
- Um dono que tenha nascido em berço de ouro;
- Lugar certo e hora certa;
- A oferta de um produto que eu/alguém próximo gostamos;
- Equilíbrio entre lucro e responsabilidade social;
- Uma empresa que gera empregos; etc.

Embora possam ser válidas, essas alternativas não são as únicas formas de ter sucesso. Todas elas o ajudarão nos negócios, especialmente se muitas pessoas quiserem e gostarem de seu produto! Entretanto, os negócios podem prosperar mesmo sem uma nova invenção, sem um empresário inspirador, sem ter vindo de uma família abastada, e assim por diante. Às vezes, um negócio bem-sucedido é apenas uma iteração ou uma ligeira melhoria do que já está sendo feito.

Sonhar, planejar, fazer, rever

Há quatro etapas que eu sugiro para que um negócio seja bem-sucedido, todas relacionadas ao dono do negócio. Estas etapas são mostradas na figura a seguir:

Sonhe: você consegue moldar um sonho e, como consequência, uma visão, que se imponha em um mercado lotado e sustente o negócio a curto, médio e longo prazo? O sonho é grande e convincente o suficiente para mantê-lo motivado, bem como a equipe, os financiadores e os clientes?

Planeje: você consegue transformar este sonho em uma estrutura e criar um plano de ação a ser implementado, juntamente com os processos e sistemas para ajudar o negócio a ter sucesso?

Faça: você consegue começar a colocar a mão na massa? Mais importante: você *vai* colocar a mão na massa?

Reveja: a etapa final de um processo cíclico é revisitar as etapas anteriores. O sonho é grande o suficiente? O plano pode ser posto em prática e está bem-estruturado de acordo com o sonho? Você realmente fez o que planejou fazer?

É simples assim! Cada fracasso profissional que já vi poderia ser resumido a uma falha em alguma etapa deste processo. Os quatro passos se aplicam no início de um negócio e ao longo de seu desenvolvimento. Descobri que os negócios tendem a ser cíclicos, e os donos precisam revisitar seu sonho, seu plano, suas ações e suas responsabilidades mais de uma vez para garantir que ainda estão no caminho certo.

Você já deve ter percebido algo a essa altura. A análise do empresário, do gestor e do técnico, extraída do livro *O mito do empreendedor*, referida no Capítulo 1, se encaixa muito bem aqui:

- O empresário dentro de nós é o responsável pelo sonho.
- O gestor dentro de nós é responsável pelo planejamento.
- O técnico dentro de nós é responsável pela ação.
- E cada parte de nós é responsável por tudo quando chega o momento de rever.

Infelizmente, não há como se esconder do fato de que precisamos sair da zona de conforto. Embora possamos estar mais confortáveis como técnicos, precisamos assumir as funções que competem ao empresário e ao gestor também. Isso requer motivação e esforço para garantir a maior chance de sucesso.

- Não adianta sonhar se você não vai planejar e depois fazer.
- Um plano sem um sonho, ou sem ação, é inútil.
- A ação sem estrutura ou estratégia às vezes é pior do que não fazer nada.
- Errar uma vez é humano. Errar duas vezes da mesma maneira é tolice.

Onde pode dar errado

Vou estragar a surpresa falando agora sobre onde a maioria dos donos de negócios erram. De forma bem simples, eles não vão além e fazem o suficiente. Eles têm uma grande ideia, grande o suficiente para se tornar um sonho e motivá-los a deixar seu trabalho. Eles planejam o negócio, montam funis de vendas, colocam campanhas publicitárias online, fazem muitas projeções financeiras e criam sistemas de CRM.

Contudo, eles não pegam o telefone e ligam para os potenciais clientes. Os conceitos são muito bons, os planos são otimistas e realizáveis, mas a implementação é onde tudo cai por terra. Em vez disso, os novos chefes se deixam levar pelo "ócio criativo", fazendo tudo menos as coisas importantes.

Um momento para refletir

Pense em como você vai se responsabilizar. Não haverá gestor para supervisioná-lo, ou um colega esperando você terminar sua parte do processo. Como vai garantir que fará mesmo o que diz e não vai ceder à tentação e ir atrás de algo mais fácil ou mais divertido?

Se os quatro passos forem seguidos de forma correta, mesmo o pior modelo de negócios pode se sustentar. Não é preciso reinventar a roda para ter um negócio de sucesso. O Google era apenas uma versão melhorada do Yahoo, do Lycos e dos inúmeros outros mecanismos de busca que surgiram antes dele. Seus criadores apenas tornaram a ferramenta mais rápida, com uma interface simplificada. Mesmo com toda a inovação que oferece, a Apple raramente cria novos nichos de mercado. Os idealizadores focam em criar dispositivos mais eficientes do que os dos outros concorrentes e comercializá-los em grande escala.

Inovação e unicórnios

Chegamos ao tópico da inovação e até que ponto ela pode ser necessária em seu negócio. Com a corrida pela inovação acontecendo atualmente, dou um desconto para quem pensar que os negócios têm que inovar para sobreviver. Isso pode ser verdade, mas definitivamente não às custas de um modelo de negócios estável. Empresas como a Tesla podem prosperar por conta da inovação, mas a realidade é que apenas uma porcentagem muito pequena de negócios seria capaz de fazer o mesmo. A percepção pública, entretanto, é que as empresas precisam inovar a todo custo. Por que isso acontece?

Trata-se do fator "unicórnio". Para aqueles que ainda não ouviram esse termo utilizado em um contexto mercadológico, uma empresa unicórnio é uma startup avaliada em um bilhão de dólares, mensurada pela avaliação utilizada para uma captação de recursos. Esses negócios tendem a ser extremamente inovadores e, devido à combinação de quantias exorbitantes e novas tecnologias, também tendem a obter um nível extraordinário de cobertura de imprensa. O que esquecemos ao ler sobre essas empresas é que a maioria dos negócios sustenta a economia global sem chegar nem perto desses valores exorbitantes. Cobriremos o fator inovação com mais detalhes no próximo capítulo, mas tenha certeza de que seu negócio pode se sair bem sem os tipos de inovação que possam vir à mente de imediato.

O sucesso é o que parece?

Até agora, neste capítulo, tenho me referido ao sucesso de uma forma muito genérica, sem atribuir nenhuma conotação à palavra "sucesso" além da sobrevivência do negócio. Uma armadilha que com frequência pega os donos de negócios é a busca pelo que eles acreditam superficialmente ser o sucesso, sem considerar o que isso realmente significa para eles.

No próximo capítulo, abordaremos com mais detalhes o estabelecimento de metas para os negócios e veremos, em especial, por que elas não são alcançadas. Antes mesmo de considerar quais devem ser suas metas para os negócios, porém, você deve dar um passo atrás e refletir sobre o que o sucesso significa para você.

O sucesso é ter um Lamborghini na garagem? O sucesso se resume a uma mansão com vista para o mar? Ou o sucesso é ter uma família feliz? Poder passar tempo com seus amigos ou jogando golfe? Completar 90 anos cheio de disposição?

Há uma série de maneiras de determinar o que é o sucesso, e muitas vezes a excelência em uma área de sua vida vem em detrimento de outras. É sempre importante lembrar que não há respostas certas ou erradas, e você não deve fazer o que acha que a sociedade espera: somente você pode definir suas próprias ideias de sucesso, com base no que o impulsiona e no que quer alcançar.

Uma ferramenta comum introduzida por alguns coaches é conhecida como a Roda da Vida.[1] Ela é usada para provocar uma reflexão sobre vários fatores, incluindo dinheiro, relacionamentos, espiritualidade, saúde e assim por diante. Ao fazerem isso, os indivíduos com frequência notam que não se concentram holisticamente em si mesmos. Certas áreas não alcançam nem metade da pontuação de outras, o que indica um desequilíbrio entre as várias áreas que contribuem para uma vida boa. Se tiver a chance, sugiro que aproveite a oportunidade e complete o diagrama da Roda da Vida para ver sua pontuação. Se houver grandes diferenças entre as áreas, é provável que esteja passando por alguma turbulência.

Um momento para refletir

Qual é sua ideia de sucesso? É baseada em alcançar estabilidade financeira, ter boa saúde, usufruir de um certo estilo de vida, ou construir um relacionamento? Ou é uma combinação de fatores? Não se preocupe, não há respostas certas ou erradas (a menos que você esteja trabalhando para o sucesso de outra pessoa).

Resumo do Capítulo 2

Neste capítulo, analisamos o que torna um negócio bem-sucedido: é uma mistura da resiliência do empreendedor, com a forma como ele se motiva e sua adesão aos passos simples que criam e sustentam negócios de todas as formas e tamanhos.

Antes de prosseguir, reflita sobre todas as questões apresentadas ao longo do capítulo e responda as seguintes perguntas:

- Como sou motivado?
  - *Recompensa/Punição*
- Que tipo de validação eu busco?
  - *Interna/Externa*
- Como farei com que minhas metas funcionem para mim?

03

Como ter uma boa ideia para um negócio

Neste capítulo você vai:

- descobrir o que torna uma ideia boa;
- entender mais sobre inovação no mundo dos negócios;
- saber por que a maioria das metas para os negócios está destinada ao fracasso;
- descobrir como enfrentar seus fatores limitantes.

No último capítulo, discutimos muitos tópicos. Analisamos as motivações por trás da decisão de arriscar uma carreira para se tornar autônomo e o que faz um negócio ter bom desempenho. Abordaremos com mais detalhes as etapas do ciclo para um negócio de sucesso (Sonhe, Planeje, Faça e Reveja), mas, por ora, é importante apenas compreender os princípios-chave e o fato de que uma empresa depende do cumprimento de todas as partes desse processo.

Este capítulo vai se concentrar na etapa "sonhe" dessa equação, e, mais especificamente, focar em como criar uma perspectiva clara para um negócio, em vez de uma enxurrada de ideias desarticuladas.

Vou começar abordando o maior dos problemas neste estágio: os empresários não sonham grande o suficiente.

Sonhe grande

Muitos donos de negócios já começam com limitações preconcebidas. Eles não acreditam que vão encontrar clientes suficientes, pensam que seu produto só pode ser feito da maneira como sempre foi feito e que seus concorrentes de amanhã serão os mesmos de hoje, e acham que outras pessoas conseguem tudo mais fácil.

Pode parecer surpreendente, em especial para aqueles que imaginam o empresário estereotipado como um visionário ambicioso, mas é a verdade. É assim que muitos donos de negócios pensam, lá no fundo, e essas limitações permeiam sua perspectiva, seus planos e suas ações.

O resultado é que eles ficam presos em uma "corrida de ratos" particular. Muito parecidos com quaisquer funcionários assalariados, saem da cama após ter apertado várias vezes o botão "soneca", arrastam-se para o chuveiro e depois deslocam-se durante o horário de pico para bater ponto, na hora certa, no trabalho. O sonho parece ter ficado em um passado distante.

O mais estranho é que esses empresários têm praticamente tudo que almejaram. O negócio é quase igual ao que imaginaram. Trabalham para os mesmos tipos de clientes com os quais sonhavam, apenas alguns a menos. Fazem as mesmas atividades que pensavam que fariam, apenas um pouco menos sistematizadas e lidando com mais problemas urgentes. É tudo basicamente a mesma coisa que projetaram.

Não é que o sonho tenha ficado no passado, o problema é que simplesmente não era um sonho grande o suficiente.

Como seres humanos, nós crescemos e nos desenvolvemos. Vemos o crescimento físico e mental mais intenso durante a infância e a adolescência, e o declínio que se segue em certos aspectos conforme a idade avança. Porém, como regra geral, tendemos a aprender coisas novas, a ter novas experiências e a querer progredir em áreas de nosso interesse ao longo da vida.

Para crescermos como empreendedores, precisamos que nossos negócios cresçam no mesmo ritmo. O que pode parecer assustador no início, logo se tornará rotina. Os números que pareceram exorbitantes, logo se tornarão trivialidades.

Isso está ligado às razões pelas quais as pessoas iniciam um negócio. O teto de vidro é infelizmente muito comum para quem se sente preso na carreira e tenta escapar disso, em especial porque as empresas operam hierarquicamente. Há menos lugares à medida que você avança por uma organização, e preconceitos inconscientes de todos os tipos podem surgir. Mesmo que tenha a sorte de trabalhar para um empregador que preza pela igualdade de oportunidades, ainda será necessário concorrer com seus colegas para progredir. E seu progresso será limitado pelo dono do negócio, pela diretoria ou pelos acionistas — sem mencionar as dificuldades de guiar um enorme navio corporativo em uma nova direção. Para que um sonho possa levá-lo a construir um outro negócio, ele precisa se encaixar nos seguintes critérios:

- **ser grande o suficiente** para mantê-lo motivado;
- **ser relevante** tanto para sua definição de sucesso quanto para seus valores pessoais;
- **ser bem-definido** para a equipe, clientes, fornecedores e para o resto do mundo.

Você vai ver que não há espaço para realismo nessa lista. O sonho empresarial se concentra no futuro, não no presente. É importante remover todas as limitações preconcebidas de tecnologia, tempo e dinheiro. Em vez disso, pense no que faria se o dinheiro não fosse um objetivo e se você tivesse os melhores talentos à sua disposição. O seu sonho empresarial deve vislumbrar o que as outras pessoas não veem, ou não podem ver.

Por sua vez, pode ser que o sonho seja simplesmente ganhar um pouco mais do que ganha, em um setor semelhante, trabalhando menos dias. Não é uma ambição menos válida — e poderia igualmente sofrer com muitas limitações — do que o sonho de outras pessoas de administrar uma corporação multimilionária baseada em novos sistemas, processos e tecnologias. Cada exemplo exigirá uma nova maneira de trabalhar, de impulsionar outras pessoas e de sistematizar o que você faz. Cada um exigirá uma maneira empreendedora de pensar, sonhar e implementar. A única questão que resta é até onde você quer levar o negócio para se adequar a suas próprias metas.

Um momento para refletir

O que o faz hesitar em sonhar grande? Está preocupado em como poderá arcar com as despesas para construir o negócio? Duvida de si mesmo? Está pensando em como os outros irão julgar suas aspirações? Reflita sobre por que está hesitante e considere se não há mais possibilidades com as quais sonhar.

Sonhe por si mesmo

Muitas metas que pretendemos alcançar em um negócio estão condenadas ao fracasso desde o momento em que são estabelecidas. Não é porque são ousadas demais — como vimos, quanto maior, melhor quando se trata de sonhar — ou por quaisquer limitações externas, tal como financiamento. Mesmo que seu sonho seja grande o suficiente, ele nunca vai emplacar se as metas para o negócio não estiverem alinhadas com suas metas pessoais.

Há empresários que sentem que precisam cultivar certos pensamentos. Pensam que precisam de uma Ferrari e que um faturamento alto é o único marco de sucesso possível. Sabemos que isso é incorreto e, ainda assim, estabelecemos metas baseadas no que pensamos que esperam de nós.

É completamente compreensível. A sociedade nos condiciona a certos comportamentos, o que é, no geral, positivo. Normas, expectativas e até um certo nível de conformidade em cada indivíduo são necessários para uma sociedade funcional. É interessante observar que mesmo aqueles que se afastam das normas sociais ainda tendem a seguir caminhos previsíveis. Há muitos exemplos assim: as pessoas que decidem largar tudo e viajar pelo mundo, em geral, tendem a visitar as mesmas regiões; as pessoas que levam uma vida criminosa tendem a seguir caminhos semelhantes etc. E os empresários, que também se afastam da norma ao largar uma carreira, tendem a seguir o caminho que acreditam que outros empresários antes deles seguiram. Os sonhos que estabelecem não são seus sonhos de fato.

Um momento para refletir

O que você realmente quer? Nós nos concentramos nas definições de sucesso no último capítulo; agora, pense se as definições que você estabeleceu para si mesmo são realmente suas. Quais são seus valores pessoais? Quais princípios orientam sua vida? O que é mais importante para você? A ideia de "sucesso" que você tinha antes está em harmonia com seus valores e paradigmas?

Metas incompatíveis

Quando você tem duas metas definidas que vão em direções diferentes, há apenas um resultado possível: ou falhará em uma delas, ou (mais provavelmente) falhará em ambas. Quaisquer que sejam os pormenores, o resultado é o fracasso.

Pode parecer dramático, mas é preciso encarar. Um exemplo extremo do que estou falando é alguém que quer se aposentar e ir para um resort ensolarado dentro de um ano, enquanto constrói um império de milhões e aumenta seu patrimônio pessoal em vários dígitos. Nenhuma das duas metas é irrealista por si só, porém, quando combinadas, a incompatibilidade delas só levará ao desapontamento e, por fim, ao fracasso. Para que nosso empresário imaginário tenha alguma chance de sucesso, uma dessas metas terá que mudar.

Não se deve usar esse exemplo como motivo para não pensar grande. É possível construir um negócio multimilionário, afinal, muitos já o fizeram antes. Também é possível construir um negócio compatível com seu estilo de vida e financiar a aposentadoria em um destino ensolarado. Você só precisa descobrir o que realmente deseja e ir até o cerne de suas metas pessoais e profissionais para garantir que elas estejam alinhadas. Estamos falando da relevância de suas metas profissionais para seus valores e desejos pessoais.

Tenha um sonho bem-definido

Aqueles que prestaram atenção no início deste capítulo vão se lembrar que existe um terceiro elemento para um sonho empresarial forte: a capacidade de comunicá-lo com facilidade, para que os clientes, os investidores e os funcionários em potencial possam entendê-lo.

Não consigo contabilizar o número de vezes em que fiquei confuso com a ideia por trás de um negócio; ou era muito complicada, ou muito nebulosa por causa dos detalhes, ou apenas muito além da minha compreensão, do ponto de vista da complexidade técnica e dos jargões usados. Claro que, embora eu, pessoalmente, possa não ser alguém que você precise persuadir, haverá funcionários, clientes, fornecedores, financiadores e um mundo mais amplo que precisarão ser inclusos em sua perspectiva. Certifique-se de que possa resumir sua ideia de negócio de forma simples e sucinta, de modo que você possa envolver toda e qualquer pessoa em sua visão.

Exemplos de grandes sonhos

Apresento alguns estudos de caso de grandes empresas e suas visões declaradas. Mesmo que o seu negócio se encontre em uma escala muito menor do que as empresas mencionadas, podemos aprender com a simplicidade de sua abordagem e a pura recusa em aceitar quaisquer normas da sociedade.

ESTUDO DE CASO: Tesla

A missão da Tesla é acelerar a transição do mundo para o consumo de energia sustentável.[1]

Para mim, essa declaração resume exatamente o que a Tesla está tentando alcançar. Não é limitada em nenhum aspecto: podemos ver como essa perspectiva se desenvolve em seus negócios pelo que fizeram no setor de desenvolvimento de veículos e pelos projetos que Elon Musk empreendeu (como o Solar Roof e a Gigafactory). Em termos de congruência com os valores do fundador, está claramente alinhada com o que Musk está tentando alcançar, tendo em vista sua determinação de levar o mundo a reduzir o consumo de combustíveis fósseis. Por fim, a ideia é expressa de uma forma que até uma criança poderia entender.

ESTUDO DE CASO: Canva

Possibilitando a todos a criação de belos designs sem dificuldade.[2]

O Canva começou como uma ferramenta de criação de e-books,[3] mas, em pouco tempo, Melanie Perkins percebeu o produto que sua equipe tinha em mãos. Até meados dos anos 2000, quem quisesse criar um design em seu computador estava preso entre uma ferramenta básica e uma muito complicada. As escolhas disponíveis se resumiam a duas opções: o conjunto de produtos para uso profissional da Adobe e o Microsoft Paint. Quem procurasse um produto para criar gráficos profissionais se deparava com a necessidade de ter amplo conhecimento e de fazer um investimento significativo em um software de alto nível. Perkins percebeu isso enquanto estudava na Universidade da Austrália Ocidental, ao ensinar seus colegas a usar os produtos Adobe.[4] Essa visão, embora ambiciosa, moldou a direção do Canva como uma ferramenta de design online gratuita, que oferece também recursos pagos mais avançados, simples de usar e altamente eficaz.

ESTUDO DE CASO: Nike

Trazer inspiração e inovação para cada atleta do mundo. (*Se você tem um corpo, você é um atleta.)*[5]

Tenho certeza de que é difícil para muitos de nós lembrar de um mundo antes da Nike. A empresa, que agora é líder de mercado em vestuário esportivo, já foi uma jovem em ascensão, competindo com marcas como a Adidas. (Nota interessante: nos anos 1960, sua missão declarada era simplesmente "Esmagar a Adidas").[6] A Nike tinha o objetivo claro de incentivar todos a se tornarem atletas à sua maneira, e, para isso, criou campanhas publicitárias que mostravam que cada trecho de asfalto poderia ser uma pista de corrida e começou a patrocinar atletas — sobretudo, aqueles com os quais o público em geral se identificava. Hoje em dia, a Nike é considerada porta de entrada para atletas em início de carreira em vários lugares do mundo.

ESTUDO DE CASO: Amazon

Ser a empresa que mais prioriza o cliente no mundo, onde ele pode encontrar e descobrir qualquer coisa que queira comprar online (...) com os preços mais baixos possíveis.[7]

Para concluir, podemos olhar para o sonho da Amazon, declarado em 1995. Tenha em mente que isso foi estabelecido quando a internet estava em seu estágio inicial, e a possibilidade de um comércio eletrônico global sequer passava pela cabeça das pessoas. A primeira transação totalmente digital segura do mundo havia ocorrido menos de um ano antes, e os internautas ainda estavam conhecendo os anúncios online. Sem mencionar o fato de que, naquele momento, você teria dificuldades para encontrar algo além de uma seleção relativamente pequena de livros no site da Amazon. As ambições de Jeff Bezos eram globais e ilimitadas. Seu sonho era cristalino e é tão relevante hoje quanto era naquela época.

Embora tenhamos dito que seu negócio poderia estar em uma escala menor do que os citados nesses exemplos, tenho certeza de que a descrição de seu sonho é um pouco mais longa. Pense em como esses empresários conseguiram capturar seus sonhos de repercussão global em uma única frase ou duas.

Um momento para refletir

Tire um momento para pensar em seu negócio. Seus sonhos são provavelmente muito mais difusos do que os descritos anteriormente, de forma sucinta, em uma só linha. Qual é o mercado em que você gostaria de atuar (regional, nacional, internacional)? Quem são seus clientes? O que vai oferecer a eles? Como afetará a vida deles? Que mudança fundamental você, e ninguém mais, vai proporcionar? Essas perguntas podem ajudar a formar a base do seu sonho.

Inovação

"Mas... eu não tenho que inovar...?" Até certo ponto, sim. Todos os negócios precisam inovar para sobreviver. Entretanto, a inovação que você pensa ser necessária não é de fato aquela de que *realmente* precisa.

A palavra "inovação" abrange uma ampla gama de atividades. Ela engloba tudo, desde o momento da pesquisa até os avanços revolucionários. Uma atualização do iPhone pode ser considerada uma inovação, assim como a invenção de um novo método de viagem instantânea pelo mundo. A descoberta de uma cura para o câncer é inovação, da mesma forma que a descoberta de um novo caminho a ser traçado em um mapa poderia ser uma inovação no mundo cartográfico. A diferença entre elas se resume ao seu nível de impacto e à forma como são descobertas (de forma acidental ou intencional).

Os diferentes tipos de inovação

Uma ótima maneira de pensar a inovação é considerá-la no contexto dos quatro tipos categorizados por Greg Satell em seu livro *Mapping Innovation: A Playbook for Navigating a Disruptive Age.*[8]

Pesquisa

Em sua forma mais simples, a inovação corresponde à pesquisa, tal como é feita em universidades de todo o mundo. Há pouco foco na resolução de um problema. Esse tipo de inovação não é particularmente direcionado, mas pode gerar grandes descobertas. Outro exemplo são os laboratórios de tecnologia.

Inovação revolucionária

Seguindo em frente, há a inovação revolucionária, na qual há uma definição consistente do problema em questão. Poderia ser a criação de três dispositivos em um, como o iPhone, ou talvez a eliminação dos combustíveis fósseis, objetivo central para a concepção de veículos da Tesla.

Inovação disruptiva

Depois temos a inovação disruptiva, na qual há uma base de usuários a ser considerada muito bem-definida; em contrapartida, o problema não é tão claro. Um exemplo é o caso do iPod shuffle. Era uma ideia perfeita, a princípio — era mais barato e menor que um iPod, e perfeito para a academia. Ainda que o conceito fosse ótimo, não se sustentou no mercado a longo prazo. Sempre que o menciono, todos se lembram dele, mas ninguém se lembra de quando pararam de usá-lo. O problema que o dispositivo resolveu não foi grave e grandioso o suficiente para que a inovação se mantivesse. Um outro exemplo disso foi o Amstrad eMailer, um comunicador de dados multifuncional.

Inovação contínua

A grande sacada da inovação nos negócios é encontrar um nicho que possa ser inovado continuamente. Nesses casos, o problema em questão está muito bem-definido e o campo em que você faz a diferença também. Exemplos de produtos nesse sentido são as atualizações do iPhone e os novos modelos de consoles como PlayStation e Xbox.

Inovar de acordo com seus pontos fortes

Tim Kastelle,[9] autor e especialista no assunto, afirma que 70% dos esforços para inovação dentro de uma empresa devem se concentrar no mercado e nas tecnologias já existentes (efetivamente, nos negócios existentes), 20% nos produtos oferecidos pela concorrência ou por outro tipo de tecnologia, e apenas 10% na abertura de novos mercados e no desenvolvimento de novas tecnologias — com base no modelo dos três horizontes do livro *The Alchemy of Growth*.[10]

A questão é a seguinte: a inovação não precisa ser revolucionária para ser bem-sucedida. Quando olhamos para algumas tecnologias como televisores e outros aparelhos domésticos, por exemplo, que antes tinham uma vida útil de anos e que agora podem muito bem durar meses, vemos que o mundo muda cada vez mais rápido. Há muito espaço para inovações pequenas e significativas.

Não se trata apenas de produtos, apesar de eles serem a primeira coisa que nos vem à mente quando pensamos em inovação. Serviço e entrega também podem estar sujeitos à inovação. As empresas precisam inovar para se manterem atualizadas, mas não precisam quebrar novas barreiras a cada cinco minutos. Em vez disso, sustentar uma inovação constante pode ser o diferencial para mantê-las relevantes.

Então, o que isso significa para um novo negócio? É simples: você precisa inovar em algum aspecto, forma ou formato, e não se basear no que outras empresas fazem para inovar. Proporcione melhoria contínua, seja internamente (dentro das operações) ou externamente (a percepção de seus clientes). Esse será seu diferencial. Assim como o Google se tornou o mecanismo de busca mais rápido, ou a Amazon se tornou a "loja que tem de tudo", pense em como começar e melhorar rapidamente seu negócio. Isso se enquadra no conceito de inovação contínua, e é importante que faça parte de seus procedimentos comerciais de rotina. Inovar radicalmente pode ser bom, mas nem sempre é o mais importante para focar no início.

Um momento para refletir

Pense em como você vai inovar. Seu novo negócio é baseado em alguma nova tecnologia que ainda será desenvolvida, ou uma simples melhoria em um modelo de negócio já existente? Como você vai garantir que continuará no topo da sua área? Que tipo de inovação é necessária para realizar seu maior sonho? Isso fará parte de seu planejamento, que abordaremos em capítulos posteriores.

Criando seu diferencial

USP é a sigla para *Unique Selling Proposition* [proposta única de venda], que é o que diferencia um negócio de seus concorrentes. Se não puder descrever sua USP, você terá dificuldade em atrair clientes, funcionários e financiadores. Mesmo se for o único proprietário, você precisa determinar o que faz de diferente e como divulgar isso para o mundo.

Vejamos um exemplo. Imagine que você é um decorador que trabalha em uma empresa e está frustrado com o modelo de negócios. Você odeia o fato de que os clientes recebem um trabalho desleixado e uma conta para pagar muito maior do que o esperado. Além disso, você não vê nem sinal dessas quantias elevadas, porque recebe um valor fixo por hora. Já chega! Você decide trabalhar por conta própria e se compromete a cobrar os clientes a partir de uma base fixa. Uma vez estipulada uma quantia para um trabalho, ela não mudará. Você usará os melhores materiais e garantirá que não haverá desperdício. Esse será seu diferencial em relação a outras empresas de decoração.

Depois de pensar no futuro do setor de decoração, você decidiu que precisa se manter à frente do que é tendência no mundo inteiro. As lojas de bricolagem estão oferecendo produtos como tintas e rolos de fácil manuseio que prometem não provocar uma bagunça, e os clientes podem sentir que conseguem fazer o serviço por conta própria. Em contrapartida, você oferece outros tipos de garantia e um serviço que atenderá às expectativas. Então, pode ser que você decida participar de feiras e usar as ferramentas e métodos mais recentes para ajudá-lo a manter seus padrões elevados e a oferecer uma opção melhor do que DIY. Você também pode adquirir um serviço de mapeamento de rotas, para que seus clientes saibam exatamente quando você chegará via mensagem de texto. Essas iniciativas não só agregarão ao seu diferencial como também serão um investimento em inovação contínua. Não é o mesmo que reinventar a roda; basta se manter a par das mudanças e tendências.

Para a maioria dos negócios, a USP é o "como" — as operações internas que os diferenciam de outras empresas —, ou aquilo que fazem por seus clientes — o aspecto "externo" dos negócios. Listei algumas ideias na Tabela 3.1 para ajudá-lo a pensar em que sua USP poderia consistir.

Alguns fatores internos levam naturalmente a fatores externos; e alguns fatores externos desejados podem levá-lo a modificar fatores internos para poder alcançá-los. É importante lembrar do significado do "U" em USP: *unique*. Se sua USP pode ser considerada padrão industrial, ela não é digna de atenção. Só há uma maneira de descobrir se sua oferta é verdadeiramente única: pesquisando! Falaremos sobre pesquisa quando tocarmos na questão do seu plano de negócios. Por enquanto, basta dizer que uma rápida busca online lhe dará algumas pistas do que seus concorrentes estão fazendo. Normalmente, se um negócio tem uma USP genuína, eles a anunciam aos quatro ventos.

Um momento para refletir

Nem todas as USPs são verdadeiramente apreciadas pelo dono do negócio. Um grande exemplo disso está no filme *Fome de poder* (2016), que mostra uma versão dramatizada da história do McDonald's. Os fundadores originais do negócio estavam tão ocupados fazendo seus hambúrgueres de forma rápida e consistente, em comparação aos restaurantes tradicionais, que não se deram conta do bem que tinham em mãos. Embora o filme tenha sido exagerado pelo impacto cinematográfico, provavelmente todos nós conhecemos negócios locais que estão fazendo coisas incríveis ou oferecendo um grande serviço sem chamar a devida atenção.

Tabela 3.1. USPs internas e externas

Exemplos de USPs internas	*Avanços tecnológicos*: tecnologia líder de mercado, autodesenvolvida ou adquirida. *Processos e procedimentos robustos*: máxima eficiência e aproveitamento. *Poder de compra/economias de escala*: compra de materiais e provisões mais baratos do que outros. *Contatos*: "lista secreta" de contatos melhor do que a de seus concorrentes. *Distribuidores exclusivos*: você pode ser o único capaz de comprar seu estoque em uma determinada região.
Exemplos de USPs externas	*Canais de venda*: vender seu produto em supermercados, ou cumprir as exigências para vender seus serviços em determinadas empresas ou no setor público. *Velocidade*: rotatividade maior de serviços ou saída de produtos. *Preço final*: produzir mercadorias ou oferecer serviços mais baratos do que seus concorrentes. *Conveniência*: proporcionar aos clientes mais conveniência, talvez visitando a casa deles em uma região não atendida, ou via atendimento online. *Serviço*: disponibilizar serviços personalizados que empresas maiores simplesmente não conseguem.

Sua USP também permite, então, que você pense sobre seu "discurso de elevador". Não é uma desculpa para criar um discurso de vendas redundante, e sim uma oportunidade para resumir seu negócio de forma convincente em apenas algumas frases, concentrando-se na USP voltada para o cliente e nos benefícios que eles recebem. Assim, em vez de se descrever como "um decorador com 15 anos de experiência que se orgulha de seu trabalho" (o tipo de frase focada em si mesmo), você pode ser "um decorador que, por um preço fixo, transforma cômodos e garante a satisfação ou a devolução do dinheiro" (foco no cliente). No lugar da clientela, com quem você preferiria fazer negócios?

Um momento para refletir

Como seu cliente vai se beneficiar de seu negócio? Em que você é diferente? Qual é o seu sonho? Qual é sua USP? E como você vai comunicar isso em um discurso de vendas?

Fatores limitantes

Toda essa conversa sobre grandes sonhos, metas e inovações é excelente, no entanto, a realidade é que haverá algumas limitações no seu negócio: a falta de pessoal, de dinheiro, ou mesmo o medo do desconhecido. Todo negócio tem fatores limitantes, e um empresário forte é definido pela capacidade de identificar essas questões e de encontrar uma maneira de superá-las.

Os fatores limitantes se dividem, também, em internos e externos. Os fatores limitantes externos são aqueles que estão fora de seu controle, tais como tamanho do mercado, capacidade tecnológica ou demanda do cliente. A única maneira de superá-los é expandindo seu sonho ou mudando a maneira como você faz as coisas.

Fatores limitantes internos

Os fatores sobre os quais você pode ter muito mais controle são os internos, que são assuntos pertinentes ao negócio, ou ao modo de pensar do empresário.

Há uma subdivisão importante entre os fatores limitantes internos. Também temos que estar conscientes quando um fator limitante psicológico se sobressai e cria um fator limitante nos negócios. Um grande exemplo disso, que eu vejo repetidamente, é o medo de assumir financiamentos externos.

Vamos entrar em mais detalhes sobre financiamento em um capítulo posterior, mas, por enquanto, pensemos em uma empresa que precisa assumir uma dívida para financiar seu capital de giro. O faturamento vai bem, apesar de alguns problemas de fluxo de caixa, e o banco provavelmente estaria pronto para emprestar o dinheiro. No papel, não há nenhum problema, e a lacuna de capital de giro pode ser preenchida com facilidade.

Quem dera fosse simples assim!

Vamos analisar mais profundamente a mentalidade do empresário dono deste negócio hipotético. Imaginemos que ele tenha crescido em uma casa onde condenava-se fortemente a ideia de contrair dívidas. Ele foi advertido contra pedir dinheiro emprestado a amigos para comprar algum brinquedo, com dizeres como "não peça emprestado nem empreste nada a ninguém". Seus pais contavam histórias de amigos e conhecidos que se endividaram com jogos de azar e gastos imprudentes. Ele recebeu algumas ofertas de cartões de crédito assim que completou 18 anos, mas foi rapidamente lembrado do buraco em que algumas pessoas se afundam quando são tentadas pelo pequeno objeto plástico. Você acha que esse empresário estaria interessado em assumir dívidas em nome de seus negócios, apesar de ser uma solução lógica para o dilema?

Esse é apenas um exemplo das muitas maneiras pelas quais os empresários podem ser limitados pelo que ouviram ou aprenderam enquanto cresciam. Você já ouviu alguma das seguintes frases?

- "O dinheiro não compra felicidade."
- "Ações e investimentos não são para pessoas como nós."
- "Você quer um emprego bom e seguro."
- "Ele é apenas um típico vendedor."
- "As pessoas ricas são gananciosas/egoístas/desonestas."
- "Se estudar muito e tiver boas notas, você pode trabalhar para uma empresa realmente boa."

Essas frases e muitas outras podem estar entranhadas nos recantos de sua mente, impedindo-o de agir.

Um momento para refletir

Pense em todas as frases, comentários e experiências negativas que já ouviu sobre dinheiro e negócios em seus anos de formação, independentemente de terem sido bem-intencionadas. Liste-as e pense de forma lógica se elas são de fato algo que você deve levar em conta. Se encontrar algum pensamento a ser erradicado, é preciso fazer esforço consciente. Encontre todo e qualquer exemplo que possa refutar sua crença.

É vital tirar um tempo para refletir sobre o que pode estar te atrasando. Geralmente, é possível contornar fatores limitantes externos, já que todos os outros negócios têm o mesmo campo de atuação que nós para trabalhar. Podemos também superar os fatores limitantes internos se colocarmos as ideias no lugar, pois assim traçamos um plano para viabilizar o melhor resultado. Contudo, se nosso modo de pensar não for propício à criação do plano, nunca superaremos os problemas.

Resumo do Capítulo 3

Neste capítulo, examinamos como é importante definir bem seu próprio sonho para não ser levado pelo de outra pessoa. Analisamos, assim, o papel que a inovação desempenha na maioria dos negócios, e demos um passo adiante para ver como ela pode constituir seu diferencial. Por fim, analisamos os fatores limitantes, tanto os reais quanto os entraves psicológicos.

Antes de prosseguir, reflita sobre todas as questões apresentadas ao longo do capítulo e responda as seguintes perguntas:

- Em que tipo de inovação você vai se concentrar?
  - *Pesquisa/Revolucionária/Disruptiva/Contínua*

- Qual a sua proposta única de venda?

- Quais os seus fatores limitantes?

Parte dois
Planeje

04

Do sonho ao planejamento

Neste capítulo você vai:

- descobrir como transformar sua ideia em um plano;
- entender mais sobre planejamento eficaz e estabelecimento de metas;
- aprender como criar um roteiro de negócios;
- descobrir algumas ideias básicas sobre gerenciamento de projetos.

Completamos a primeira parte deste livro, e a essa altura você deve estar confortável com seu sonho de negócios e com o que está tentando alcançar. Embora seja importante revisitar e continuamente melhorar essa primeira visão, chega o ponto em que você tem que transformar seu sonho em algo mais concreto: o plano.

É no planejamento que muitos donos de negócios se decepcionam. Às vezes, o planejamento é usado como desculpa para evitar o trabalho de verdade: as listas de metas e esboços para os negócios são atualizadas incessantemente, sem que nenhuma ação concreta ocorra. Em outros casos, a fase de planejamento é lamentavelmente negligenciada e os sonhadores mergulham de cabeça na ação, sem estrutura ou lógica por trás de suas atitudes e atividades. É importante tentar encontrar um meio-termo para que seu negócio tenha a melhor chance de obter sucesso.

O que faz um plano ser eficaz?

Quando você pensa em um plano de negócios, provavelmente imagina um documento importante, talvez com uma capa ostensiva, ou apresentado em slides de PowerPoint por alguns executivos de alto nível. Bem, é verdade que o documento que veio à mente é chamado de "plano de negócios", mas neste capítulo vamos analisar todo o processo de *planejamento*. Muitas vezes, o plano de negócios é confundido com um pitch, que é uma apresentação produzida para investidores ou financiadores. Um pitch pode ter partes do plano completo, porém é mais usado para a obtenção de empréstimos e fundos, em vez de estabelecer minuciosamente os passos e as metas para o negócio.

Portanto, tendo esclarecido isso, vamos nos concentrar em todo o processo de planejamento. Todos nós temos nossa própria forma de lidar com planejamento e organização. Pessoalmente, tenho a tendência de, ao fazer planos, ser um pouco menos formal do que a maioria, e acho que trabalho melhor com um plano mais amplo, que mostre o panorama geral, com algumas ações de curto prazo bem detalhadas e alinhadas. Outros preferem trabalhar com uma base mais estruturada, talvez combinando as ações diárias com as metas semanais, e, por sua vez, as metas mensais com as trimestrais.

Um momento para refletir

Como lida com planejamento no seu dia a dia? Você tem listas de afazeres diários, planilhas de compras e planos de refeições? Ou sua abordagem é mais aleatória? Acha que gostaria de trabalhar dentro de um plano mais estruturado, ou preferiria se desviar do plano e ver o que funciona?

Não há apenas uma abordagem que funcione. O que vou descrever aqui é o que eu vejo como a melhor prática, contudo, mais importante que o plano em si é a ação de colocá-lo em prática. Se você sentir que esta abordagem de planejamento é ou muito leve, ou muito exagerada, tenha a liberdade de adaptar o processo para se adequar à maneira como trabalha. Talvez o maior problema com os planos de negócios tradicionais (ou com os pitches de financiamento) é que eles podem acabar fechados em uma gaveta por não apresentarem tarefas realistas, prestação de contas, revisão proativa e previsão de ajustes. Um plano eficaz não está limitado a alguns slides do PowerPoint; ele deve ser um documento vivo que cresce com o negócio.

Presumindo que o plano seja implementado, há outra fraqueza enraizada no pensamento de empresários e financiadores: uma desconexão entre o sonho e os resultados. Muitas pessoas ficam entusiasmadas com os sonhos apresentados nos planos e concentram a devida diligência na validação do conceito, nas revisões do mercado e na análise da concorrência. Os sujeitos do setor financeiro estarão atentos aos números, certificando-se de que o crescimento da receita seja atraente e alcançável, verificando se o empresário realmente pensou nas margens operacionais, nas despesas gerais e nos impactos no fluxo de caixa. Essa abordagem típica falha na parte mais importante: descobrir como os resultados serão alcançados.

Em vez de nos concentrarmos apenas no "por que" e no "o que", precisamos incluir o "como" — como passar de A para B, como tomar as medidas práticas e como deixar a postos os planos de contingência. Em resumo, precisamos planejar nossas *ações*, não nossos *resultados*.

Análise de sensibilidade: ter um plano reserva

Falarei a respeito da estrutura típica de um plano e de um pitch de negócios no próximo capítulo, e entrarei em detalhes de como realizar a análise da concorrência e os tipos de números que os financiadores procuram. Aqui, vamos nos concentrar no panorama geral, e um dos aspectos é a compreensão do que está ou não sob seu controle como empresário.

Mencionei antes que os planos tendem a focar nos resultados do negócio — a quem o negócio serve, quais os benefícios para o cliente e, em última instância, o retorno para o dono do negócio e quaisquer acionistas. É realmente importante que esses aspectos sejam bem-definidos, mas eles são apenas uma parte do quebra-cabeças. O desempenho do negócio dependerá tanto das ações tomadas quanto dos assuntos externos que estiverem fora de seu controle como dono do negócio.

Algumas delas são óbvias e são cobertas por uma típica análise PEST (política, econômica, social e tecnológica) que normalmente é incluída em um plano de negócios formal. Fatores como incerteza política, mudanças no comportamento do consumidor e desenvolvimentos tecnológicos podem ser previstos até certo ponto e devem ser levados em conta na condução do negócio. Embora estes estejam em grande parte fora de seu controle, é possível que haja negligência com os riscos mais próximos. Devemos levar em conta os riscos práticos para manter a saúde do negócio, como o surgimento de concorrência inesperada e desvios do plano. Abordaremos isso mais adiante no capítulo.

Dica
Qual é o plano B?

Minha recomendação para todos os processos de planejamento é pensar em planos B, C e D. Embora possa ser instagramável postar citações motivacionais como "Não preciso de plano B", a realidade é que você deve a si mesmo, à sua família e a quaisquer futuros funcionários, clientes, fornecedores e financiadores um plano reserva que dê conta de diferentes eventualidades.

A expressão formal para essa gama de planos reserva é "análise de sensibilidade". Na prática, tem a ver com um amplo ajuste às previsões financeiras do negócio, por exemplo, ver o que aconteceria se as receitas ficassem 20% abaixo do esperado, ou se as margens de lucro fossem 3% inferiores. Embora tentar se adaptar aos resultados ajude a manter os pés no chão em termos de estabilidade financeira, não ajudará a efetivar a mudança de rumo necessária em um ponto inicial para evitar que os números sofram muito prejuízo. Tenha em mente o seguinte ao criar seus planos de ação:

"E se?": como manter meus objetivos de médio e de longo prazo flexíveis, a fim de tirar proveito de novas oportunidades ou ameaças? Qual é o processo para isso?

Adaptação: como flexibilizar minhas ações a curto prazo para levar em conta as mudanças no mercado, ou simplesmente aprender novas maneiras de fazer as coisas? Como vou rever as mudanças para garantir que estejam conectadas aos meus objetivos de médio e longo prazo?

Proteção: como proteger o negócio contra ocorrências inesperadas e mitigar possíveis danos? Preciso tomar medidas preventivas, encontrar maneiras de estruturar o negócio para que eu não seja a única fonte de renda, ou investir em seguros?

Outro fator que a análise de sensibilidade tradicional não cobre em sua totalidade é o impacto do tempo. Em minha experiência, vi que as empresas de tecnologia são particularmente propensas a não atingirem marcos de desenvolvimento ou metas de receita. No papel, é bonito de se ver um conjunto de projeções satisfatórias mesmo com um grande ajuste percentual, entretanto, o vilão silencioso nesse tipo de negócio é a linha do tempo.

Ao estabelecer seus planos, você precisa pensar no momento oportuno para suas ações e em qual será o impacto daquelas que não forem concluídas em determinado prazo. Seu negócio pode se manter se seu site não for atualizado por um, três ou seis meses? E se a contratação de seu primeiro funcionário demorar mais do que o esperado? Mapear o impacto desses atrasos potenciais vai ajudá-lo a estar preparado para os piores cenários e a compreender a importância de certas ações em comparação com outras.

Como iniciar o processo de planejamento?

Os planos de negócios tradicionais são quase sempre estruturados com palavras seguidas de números, e eu sugeriria enfaticamente que você adotasse essa abordagem também. É tentador produzir uma história baseada em uma "planilha milionária". É uma armadilha em que já vi muitos donos de negócios caírem, por mais estranho que pareça. Eles querem a todo custo justificar por que estão dando esse passo ousado para seu cônjuge, parceiro, vizinho, ou qualquer outra pessoa que ouça falar do seu grande sonho, e usam números exorbitantes como uma forma de justificar logicamente. No entanto, se o passo a passo escrito não for executado, os números não passarão de emoção do sonho.

> **Importante!**
>
> O plano de negócios em si não é a meta final aqui. A maior parte do benefício do planejamento vem de passar pelos processos necessários para preparar o plano. O plano de negócios, concretamente falando, o ajudará a levantar fundos e a mantê-lo responsável ao longo do trajeto.

Estrutura sugerida para um plano de negócios

Ao produzir um plano de negócios formal, espera-se que sejam incluídas as seguintes seções.

A parte "fácil"

É a parte do plano de negócios razoavelmente autoexplicativa, e, se seu sonho for claro o suficiente, você não terá dificuldade em falar o que está planejando fazer, aliás, será apenas um processo de transpor seus pensamentos em palavras.

Resumo executivo

Normalmente, esse item explica o conceito do negócio e quanto dinheiro é necessário, na esperança de que o gerente do banco seja tentado a ler a página 2. Mas, como sabemos, não estamos fazendo isso apenas para conseguir um empréstimo do banco. Ainda assim, gosto muito da ideia de escrever esse resumo. É uma etapa que o ajuda a garantir que sua mensagem e a razão pela qual seu negócio será um sucesso possam ser condensadas em um formato de fácil compreensão. Isso o ajudará nas vendas, no marketing, no recrutamento... de fato, em qualquer ponto que você precise falar do seu negócio.

Antecedentes do empresário

Esse item também é suprimido às vezes. Não pule essa parte do trabalho; há grande valor em tirar um tempo para refletir sobre seu próprio passado. Durante essa etapa de planejamento, concentre-se em rever seus pontos fracos, em vez de tentar impressionar o gerente do banco com sua experiência no setor. Você já teve experiência em vendas, marketing, finanças, administração, produção etc.? Consegue elaborar acordos legais, desenhar o próprio logotipo, codificar seu site e gerenciar as redes sociais? A probabilidade é de que haverá algumas lacunas em sua experiência (e algumas vantagens inesperadas, como o tempo que você gastou vasculhando o Instagram). Essas lacunas devem fazer parte de seu plano de ação, pois a partir delas você incluirá em suas tarefas passar por algum treinamento relacionado ou recrutar ajuda de um funcionário ou consultor.

Antecedentes da equipe (se for relevante)

Se estiver iniciando um negócio com mais de uma pessoa, deve se certificar de obter também detalhes de quem são os demais colaboradores e o que têm a oferecer. Talvez você já tenha um sócio, ou um primeiro funcionário, em mente. Talvez queira até incluir consultores e mentores, o que o ajudará a entender como todos podem contribuir.

Descrição detalhada do negócio

Agora, sim, você pode ir à loucura! Esta parte inclui o que você faz, por que, como e para quem o faz. Se está administrando um negócio de tecnologia, talvez queira pensar em dar alguns detalhes de como é nos bastidores. Da mesma forma, se estiver fabricando produtos, esse seria o momento ideal para falar sobre quaisquer protótipos que tenha produzido, sua cadeia de fornecimento e todas as conversas com clientes que já tenha tido. Em um mundo ideal, essa seção deve passar por uma avaliação crítica de alguém experiente no mundo dos negócios, alguém que hipoteticamente consiga pensar como um gerente bancário, um investidor, um cliente, um fornecedor e um potencial comprador do negócio. Isso o ajudará a identificar seus pontos cegos, e, uma vez identificados, você poderá decidir se as lacunas podem ser preenchidas por uma explicação mais clara em seu plano, ou se precisa de uma solução mais substancial. Lembre-se: essa é a fase de planejamento. Não se surpreenda se surgirem aspectos que indiquem que você precisa começar de novo ou repensar radicalmente sua ideia.

A parte um pouco mais difícil

Há outras seções que requerem mais reflexão e pesquisa. Vejamos como fazer isso com um pouco mais de detalhe:

Pesquisa de mercado

É aqui que você avalia sua ideia de negócio e se certifica de que há realmente clientes que estão prontos e dispostos a comprar seu produto ou serviço. Isso é vital! Um desafio comum e significativo enfrentado por muitos novos negócios é um desalinhamento entre *o que o negócio oferece* e *o que o mercado quer*.

É possível realizar pesquisas de mercado no conforto de sua sala de estar, sentado no sofá, usando o Google na tela de seu telefone celular. Não há nada de errado com isso, é um ótimo lugar para começar! No entanto, gostaria de incentivá-lo a detalhar mais sua pesquisa e ir além disso. Há dois tipos de pesquisa: quantitativa (baseada em fatos e números) e qualitativa (baseada em sentimentos e emoções). Uma abordagem abrangente de pesquisa de mercado deve se concentrar em ambas. Alguns métodos de pesquisa de mercado que eu aplicaria para um novo negócio incluiriam:

- montar um grupo focal com clientes potenciais;
- montar um grupo focal com outros fornecedores do setor;
- monitorar o movimento em um local de vendas;
- observar as tendências típicas de gastos dos clientes em negócios similares;
- conversar com associações comerciais sobre a proposta de negócios e o setor;
- participar de comunidades online nas quais estejam os clientes em potencial.

Não basta simplesmente amar seu produto ou serviço. Você precisa amar seu cliente alvo e tentar entrar na mente dele o máximo possível. Se conseguir ter empatia por seus comportamentos e ações, e pela forma como eles tomam as decisões de compra, você verá claramente se um produto ou mercado é adequado ao seu novo empreendimento.

Análise da concorrência

Tanto quanto precisa verificar se existe um mercado para seu novo negócio, você precisa conhecer muito bem seus concorrentes. Nas discussões com os novos donos de negócios, percebo que eles tendem a ter uma visão estreita de seus concorrentes. Por exemplo, um restaurante pode olhar com desprezo para a qualidade dos hambúrgueres servidos pelo McDonald's, sem considerar os sistemas comerciais que lhes permitem fazer o que fazem com tanta consistência e em escala global, ou os desejos de um mercado mais amplo.

Isso me leva a outro ponto importante. No Capítulo 2, falamos do lado "técnico" de nossa personalidade. A paixão pelo que fazemos, e como o fazemos, é um dos fatores que nos leva a iniciar nosso próprio negócio, mas também pode ser um fator limitante na maneira como nos vemos e como vemos nossos concorrentes. Ao fazermos pouco caso daquilo que parece contrário à forma como gostaríamos que nosso serviço ou produto fosse entregue, ignoramos o "toque de mágica" que torna outros negócios especiais.

Portanto, com olhos imparciais, precisamos olhar para quem são nossos concorrentes e como eles estão se saindo. Você pode começar com uma simples pesquisa documental e por observação: caminhe pela rua mais movimentada de sua cidade para encontrar negócios similares, pesquise online e pergunte aos amigos. Assim, formará uma lista de negócios que operam em um campo semelhante ao seu. Se estiver pensando em fundar uma startup de tecnologia, talvez precise vasculhar sites de financiamento coletivo para ver se existem conceitos similares; caso se trate de um restaurante, sua concorrência pode ser muito mais visível e fácil de encontrar.

Dica

Conheça sua concorrência

Sua concorrência pode não ser aquilo que você espera; não limite sua análise a estabelecimentos que façam exatamente a mesma coisa que você planeja fazer. Imagine que está pensando em montar um restaurante vietnamita: sua concorrência não se restringe a outros restaurantes vietnamitas em sua área local; ela engloba *qualquer outro negócio* que esteja nessa seção de gastos do consumidor. Então, é preciso incluir outras culinárias, e potencialmente outras atividades, dentro de sua análise da concorrência — lanchonetes de fast food, restaurantes franceses, italianos ou mexicanos, até mesmo serviços de entrega de mercearia que fazem com que as pessoas fiquem em casa e cozinhem, em vez de saírem para comer.

Assim que tiver uma ideia de quem são seus concorrentes, é hora de expandir as pesquisas sobre eles! Essa tarefa seguirá o padrão semelhante da pesquisa de mercado que você fez antes: pode fazer perguntas a grupos focais, observar o movimento nas lojas e entender a sensação geral em torno do negócio. Eu aconselharia que você levasse em consideração mais dados quantitativos, incluindo arquivos de demonstrações financeiras disponíveis ao público, sites de avaliação independentes e quaisquer outros dados que possa encontrar. Tudo isso o ajudará a entender o desempenho dos concorrentes e validará seus próprios planos, ou lhe dará informações para repensar.

Análise SWOT

A reta final do plano será a análise SWOT (*strenghts*, *weaknesses*, *opportunities*, *threats* [forças, fraquezas, oportunidades e ameaças]), que pode ser produzida depois da pesquisa de mercado e da análise da concorrência.

A análise SWOT é um modelo comumente usado para analisar em que ponto um negócio está em qualquer momento, e consiste em uma classificação dos *pontos fortes*, dos *pontos fracos*, das *oportunidades* e das *ameaças* enfrentadas por um negócio. Vamos especificar isso um pouco mais.

Você pode controlar:

- **Pontos fortes:** são os aspectos em que você se destaca e que o diferenciam no mercado.
- **Pontos fracos:** são as áreas em que você pode melhorar para beneficiar sua oferta.

Estão fora do seu controle:

- **Oportunidades:** são as áreas das quais você pode se beneficiar no futuro.
- **Ameaças:** são os fatores externos que podem impactar seu negócio.

Se você prestou atenção ao longo do capítulo, notou que os fatores externos que estão fora do seu controle (oportunidades e ameaças) foram mencionados anteriormente, e a análise PEST foi sugerida como uma forma de identificá-los e minimizá-los.

Fazer uma análise SWOT é o primeiro passo para utilizá-la em um planejamento eficaz; usar esse modelo em si já é um exercício extremamente valioso, que vai fornecer muitas informações e familiarizá-lo com as formas mais eficazes de pensar seu negócio. Entretanto, fazer a análise e depois deixá-la de lado obviamente não é a maneira certa de tirar o melhor proveito dessa ferramenta! É preciso saber o que fazer com os resultados da análise SWOT. Quando bem-aplicada, ela o ajuda a identificar o que falta para tornar seu negócio bem-sucedido. Como regra geral:

- Oriente-se pelos seus **pontos fortes.**
- Corrija suas **fraquezas.**
- Aproveite suas **oportunidades.**
- Esteja atento, mas não seja consumido pelas **ameaças.**

Essa é uma ferramenta que pode ser usada para qualquer negócio, e é possível aplicar esse modelo como parte de sua análise da concorrência.

Análise PEST(EL)

Neste capítulo, mencionamos a análise PEST algumas vezes, dado que ela pode compor a análise SWOT. São maneiras muito úteis de identificar os fatores externos (oportunidades e ameaças) e ajudam a pensar em diferentes áreas.

Até aqui, utilizei a sigla PEST; entretanto, alguns preferem especificá-la ainda mais em PESTEL — acrescentando as iniciais de *environmental* e *legal* (ambiental e legal). Independentemente da sigla que escolher usar, lembre-se de incluir os fatores legais e ambientais em sua análise.

Alguns exemplos das áreas que você pode incluir em cada seção dessa análise estão listados na Tabela 4.1 (aqueles marcados com * indicam itens que podem ser explorados mais a fundo caso você utilize o modelo PESTEL completo).

Tabela 4.1. Análise PESTEL

Fatores políticos	Estabilidade do governo e capacidade de tomar decisões Direção do governo e opinião política Comércio global e acordos internacionais Legislação (*) Política fiscal (*)
Fatores econômicos	Condições econômicas atuais Taxas de emprego Taxas de inflação Índice de confiança do consumidor Política fiscal (*)

Fatores sociais	Tendências de estilo de vida Distribuição de renda Influências e mudanças demográficas Opinião e tendências da mídia Atitudes e opiniões dos consumidores (*)
Fatores tecnológicos	Inovações tecnológicas Consciência tecnológica Adoção e uso de tecnologia Atitudes e opiniões dos usuários Política fiscal e benefícios fiscais (*)
Fatores ambientais	Políticas ambientais Mudança climática Obrigação de notificação Mudanças de clima e temperatura Expectativas de responsabilidade social corporativa
Fatores legais	Legislação trabalhista Legislação de concorrência Legislação de proteção ao consumidor Legislação de propriedade intelectual Política tributária

Como você pode ver, o uso desse modelo ajuda a expandir sua investigação a respeito de fatores externos, assegurando que sua análise SWOT seja bem estruturada.

Importante!

Você provavelmente já percebeu que há um tema comum em seu plano de negócios: pesquisa, pesquisa e mais pesquisa! Essa é a chave para o sucesso. Você deve passar muito mais tempo do que imaginava analisando seu negócio, o mercado em que ele vai se inserir e o ambiente em que você vai negociar. Fazer as perguntas certas agora pode economizar muito tempo e dinheiro no futuro.

O que fazer a seguir com seu plano de negócios

Então, tudo isso já está no papel... e agora? Depois de ter preparado essas seções do plano de negócios, você pode se concentrar na produção do "roteiro". Formalmente, nós o chamaríamos de planejamento de projeto, definindo os principais marcos junto com uma lista de ações seguida pela prestação de contas.

Imagino que, após fazer a preparação do plano de negócios, restaram algumas tarefas (se não restaram, ou você é inacreditavelmente bem-preparado e presciente, ou não fez um trabalho tão minucioso quanto necessário). Podem ser tarefas facilmente resolvíveis por uma simples pesquisa usando o Google, ou, é provável, podem demandar mais esforço: talvez você precise encontrar consultores especializados, ou produzir uma proposta mais completa para que as perguntas óbvias que outras pessoas fizerem sejam respondidas de forma imediata.

Seu roteiro deve abranger tudo o que você precisa fazer para levar seu negócio de onde está hoje para a fase de cumprimento das metas. O roteiro começará como uma lista detalhada de tarefas e terminará como um plano amplo — as ações gradualmente se tornarão menos detalhadas. Isso é natural, e é a razão pela qual qualquer processo de planejamento de negócios precisa ser continuamente revisado e atualizado. É uma das principais razões pelas quais o processo "Sonhe, Planeje, Faça, Reveja" termina com tal indicação.

De modo geral, você deve cobrir as seguintes áreas em seu roteiro:

- atividades a serem realizadas antes da captação de recursos;
- atividades a serem realizadas após a captação de recursos;

- atividades iniciais;
- atividades para recrutar o primeiro membro da equipe;
- atividades de escalabilidade.

Sua linha do tempo pode diferir um pouco disso. Por exemplo, pode ser que não precise levantar fundos externos para iniciar o negócio, ou que precise de uma equipe antes de abrir suas portas para o público. O importante aqui é pensar nessas instruções amplas, antes de começar a planejar as atividades individuais, para que você entenda quais dependem de outras para serem concluídas. Isso o auxiliará a evitar uma sobrecarga ou acúmulo de funções, pois assim poderá se concentrar nas ações necessárias para atingir um marco de cada vez e nos prazos mais realistas para dar o pontapé inicial no negócio.

Um momento para refletir

Quais são os principais marcos em seu roteiro? Você precisa levantar fundos, contratar funcionários, desenvolver um produto ou codificar algum software? Pode administrar um negócio "magro" com uma equipe menor e financiamento mínimo antes de crescer? Pense em como seu negócio se desenvolverá ao longo dos meses e dos anos, e no trabalho que precisa fazer para atingir os marcos-chave ao longo do caminho.

Exemplos de roteiros

Cada roteiro é diferente, mas talvez a melhor maneira de demonstrar o formato de um roteiro seja produzir um exemplo de como as tarefas podem ser estruturadas com base em um negócio hipotético.

Aviso: esse exemplo não inclui todas as tarefas possíveis. A intenção é mostrar como um roteiro pode ser elaborado.

Esse exemplo é deliberadamente menos detalhado nas etapas, com tarefas consolidadas, pois a chave aqui é focar em como o roteiro é preparado e estruturado, e não nos detalhes. Entretanto, não se preocupe — *os detalhes importantes serão* abordados mais adiante no livro.

Serviços de "superadministração"

Neste exemplo, o empresário trabalhou em uma função administrativa durante toda a sua vida profissional e decidiu que gostaria de começar seu próprio negócio ajudando outras pequenas empresas a acessarem habilidades pelas quais elas não podem se dar ao luxo de pagar para ter na equipe. Ele quer contratar um ou dois funcionários, mas pretende começar por conta própria, ajudando as pessoas a administrar suas agendas, antes de admitir um contador e um controlador de crédito. Como o negócio pode começar com seus próprios fundos pessoais, a ordem das etapas será diferente de um negócio que requer financiamento e uma equipe.

Etapa 1: Desenvolvimento de sistemas de clientes (prazo: fim do primeiro mês)

- Encontrar um sistema CRM adequado, pacote de escritório, sistema de gerenciamento de agenda e um bom hardware.
- Projetar formulários para os clientes utilizarem para reservar viagens.
- Falar com cinco clientes potenciais em um grupo focal.

Meta de conclusão: contatar um terceiro para testar os sistemas.

Etapa 2: Marketing e vendas (prazo: fim do primeiro mês)

- Construir um site, mandar fazer o cartão de visita e outros materiais de divulgação.

- Consultar algumas pessoas do meio.

Meta de conclusão: todas as redes sociais estabelecidas, o site no ar e os manuais preparados.

Etapa 3: Dar início aos negócios (prazo: fim do terceiro mês)

- Comprar os artigos básicos de papelaria.
- Encontrar um espaço para o escritório.
- Telefonar para 50 clientes em potencial; encontrar-se com 10 clientes em potencial.

Meta de conclusão: dois clientes pagantes com um adiantamento mensal.

Etapa 4: Arrecadação de fundos para operar em tempo integral (prazo: fim do sexto mês)

- Conseguir 10 clientes pagantes com adiantamento mensal.
- Preparar um plano de negócios formal e fazer as projeções financeiras.
- Elaborar apresentações para cinco gerentes de bancos e dois investidores privados.

Meta de conclusão: financiamento de 30 mil, [**] **idealmente através de empréstimo.**

Etapa 5: Aumentar o volume de serviços para contratar profissional de contabilidade (prazo: fim do primeiro ano e com 50 mil de receita)

- Contratar um contador.
- Elaborar um plano de marketing.
- Buscar novas tecnologias (recomendadas por membros da equipe) para implementar.

Meta de conclusão: mais clientes pagantes com adiantamento mensal como resultado das medidas.

** Valores estimados pelo autor em libras no original. [N.E.]

Como você pode imaginar, as tarefas e os prazos tornam-se menos específicos à medida que o tempo passa. É redundante detalhar tarefas em nível granular quando há incerteza sobre os prazos e o desempenho das etapas anteriores.

Tocamos na ideia de gerenciamento de projetos antes, em relação a entender os marcos do negócio. Ao produzir um roteiro, você irá se deparar com algumas áreas que não podem ser iniciadas até que outras estejam concluídas, e outras que podem funcionar paralelamente. Tudo tem a ver com as interdependências, e embora eu não vá entrar em detalhes sobre gerenciamento de projetos, sugiro que esteja atento à noção de que algumas atividades dependem da conclusão de outras ao produzir seu roteiro.

Após reunir os itens deste capítulo, você terá mais do que um plano de negócios regular. No próximo capítulo, veremos o que é necessário para um plano de negócios "formal"; no entanto, não desconsidere o trabalho feito até agora. Parte dele se encaixará no plano, mas o objetivo maior deste exercício de planejamento é dar a você um roteiro e uma base a partir da qual possa operar o negócio com sucesso.

Resumo do Capítulo 4

Neste capítulo, examinamos como é importante criar um plano para si mesmo, e não apenas para um investidor ou para o banco. Analisamos as partes tradicionais de um plano de negócios, como pesquisa de mercado e análise da concorrência, juntamente com o conceito amplo de criar um roteiro que o ajudará a conduzir seus negócios na direção certa.

Antes de prosseguir, reflita sobre todas as questões apresentadas ao longo do capítulo e responda as seguintes perguntas:

- Quando você se comprometerá a realizar sua pesquisa de mercado? Fixe uma data para o início e uma data para a conclusão e anote quaisquer ações que lhe venham imediatamente à cabeça.
- Quando você se comprometerá a realizar sua análise da concorrência? Fixe uma data de início e uma data de conclusão e anote quaisquer ações que lhe venham imediatamente à cabeça.
- Quando você vai reunir os itens restantes e começar a produzir seu roteiro de negócios?

05

Arrecadação de fundos

Neste capítulo você vai:

- conhecer os diferentes tipos de financiamento disponíveis;
- compreender as diferenças bastante significativas entre financiamento por dívida e financiamento por equity;
- criar um plano de negócios de sucesso com base em suas atividades de planejamento;
- entender como criar uma proposta de financiamento realista;
- descobrir como convencer o gerente do banco.

Agora que começamos o processo de planejamento, devemos ter um bom entendimento do negócio, e não apenas dos aspectos positivos do sonho. Um dos principais benefícios de ter uma grande ideia e passar pelas etapas do capítulo anterior é que você foi forçado a avaliá-la criticamente, de acordo com as exigências tanto dos clientes quanto dos seus futuros concorrentes. Desde que isso não o tenha desestimulado demais, estamos agora no ponto em que podemos considerar o planejamento financeiro para o negócio.

Pode ser que você não precise de financiamento. Se tiver economias suficientes disponíveis, talvez você possa iniciar o negócio com esse montante, ou, talvez, seu cônjuge ou parceiro ganhe o suficiente para cobrir as despesas domésticas enquanto você inicia o negócio. Muitas vezes, porém, esse não é o caso, e alguma assistência é necessária para começar.

Alguns têm a sorte de operar em um mercado ou localidade que tem subsídios disponíveis para novos negócios. Antes de mergulhar em dívidas, você certamente deve investigar essas opções para ver o que está potencialmente disponível para o seu negócio. Uma advertência: pode haver uma intensa concorrência e os passos necessários para conseguir o subsídio podem ser bastante onerosos. Lembre-se de levar isso em consideração ao ponderar a melhor linha de ação para você e sua empresa.

Uma palavrinha sobre dívidas

Como mencionado na parte sobre fatores limitantes, acredito que as opiniões e as crenças dos donos de negócios a respeito da contração de dívidas são moldadas de acordo com sua relação com as finanças pessoais e pelas frases que eles ouviram na infância. Por exemplo, um empresário que, em um momento anterior, fez malabarismos com suas finanças pessoais e estourou seus cartões de crédito pode estar mais confiante em sua capacidade de lidar com dívidas, enquanto alguém que considera uma hipoteca como sua única dívida pode ser muito mais prudente ao decidir tomar empréstimos para seus negócios.

Eu não posso e não gostaria de mudar os paradigmas pessoais de ninguém. Entretanto, é importante lembrar que frases como "não peça emprestado nem empreste nada a ninguém" podem se tornar limitantes para o escopo de um negócio, se assumir uma dívida for a forma correta de estruturar a plataforma de financiamento.

Pode parecer óbvio, mas existe uma diferença muito significativa entre "dívidas boas" e "dívidas ruins". As dívidas ruins incluiriam as que são cobradas a uma taxa de juros muito alta ou que foram contraídas sem necessidade ou justificativa. Dívidas em cartões de crédito para itens de luxo fazem parte desse grupo. Do outro lado, uma dívida boa é aquela que permite investir ou criar um ativo, e, para os propósitos deste capítulo, consideraremos esse tipo.

Portanto, aqui está o cerne da questão. Se você precisar de financiamento, terá que decidir se quer que outras pessoas lhe emprestem dinheiro em forma de uma dívida com juros, ou se ficaria mais feliz em ter pessoas investindo dinheiro em seu negócio e tomando uma parte das ações e dos lucros. Como você pode imaginar, há prós e contras em ambas as opções. Para os fins deste capítulo, gostaria que você esquecesse o retrato de financiamento apresentado em programas de TV como *Shark Tank* e *Dragon's Den* e, em vez disso, considerasse apenas o que é certo para seu negócio.

Financiamento por dívida

É a forma mais comum de financiamento para pequenas empresas, que obtém dinheiro de uma entidade externa.

Empréstimos e saques a descoberto para pequenas empresas

O financiamento por dívida é mais comumente oferecido por bancos, ou outras instituições de crédito, por meio de um empréstimo ou de saques a descoberto. Devido à natureza dessas instituições, os acordos de financiamento tendem a ser bastante rígidos, e a contribuição que se pode ter no processo é limitada. Ao procurar um empréstimo nos grandes bancos, muitas vezes haverá uma avaliação de riscos anônima para decidir se você pode ou não receber o dinheiro. Isso será baseado em certos critérios, tais como viabilidade, juros, segurança e condições de empréstimo (que podem ser afetados de acordo com o setor em que você trabalha ou na disposição do banco em emprestar dinheiro naquele determinado momento).

É possível obter empréstimos fora dos grandes bancos, mas a dívida é inerentemente considerada de maior risco e, como tal, o custo será maior. Em qualquer contexto de empréstimo, você terá que pagar taxas e juros, e possivelmente haverá certas condições que você deverá cumprir.

Os empréstimos bancários tradicionais e saques a descoberto não são os únicos tipos de financiamento por dívida disponíveis. A seguir estão outras opções:

Desconto de títulos ou factoring

No desconto de títulos, um banco financiará o valor que seus clientes devem a você. No factoring, um banco financiará o valor e administrará a cobrança deles. Ambos são opções de financiamento úteis se você tiver que pagar a equipe antes de receber o dinheiro de seus clientes; por exemplo, se estiver administrando uma agência de funcionários temporários ou uma empresa de limpeza terceirizada, isso pode ocorrer. Esse método de financiamento talvez saia mais caro do que um empréstimo e pode ser difícil sair dele, uma vez que tenha entrado.

Financiamento de estoque

Este é um método de financiamento que permite aos fabricantes e distribuidores fazer bom uso do valor de seus estoques e matérias-primas na cadeia de fornecimento. É frequentemente usado no mundo automotivo, mas, na teoria, pode ser usado em qualquer negócio baseado em produtos. Nesse tipo de financiamento, o financiador busca segurança por meio de uma taxa sobre o estoque e estipula um período para o financiamento (por exemplo, três meses) a fim de minimizar o risco de financiar estoque morto.

Leasing

Há vários tipos de contratos de leasing disponíveis, mas, fundamentalmente, eles permitem que as empresas adquiram ativos ao longo de um período de tempo. A principal diferença entre eles é que alguns oferecem a propriedade do bem, enquanto outros são apenas um arrendamento, e o tratamento contábil de ambos é diferente. Recomendo a algumas empresas que considerem o leasing como uma forma de disseminar o risco para os credores, de modo que ninguém carregue todo o risco, o que tende a ser mais atraente do que contrair uma dívida envolvendo grandes quantias.

Empréstimo entre pares

O empréstimo entre pares surgiu como uma fonte válida de "financiamento alternativo", em outras palavras, uma opção que não envolve os bancos tradicionais. Simplificando, o empréstimo entre pares permite aos indivíduos emprestar seu dinheiro para alguns negócios através de uma empresa central de financiamento, que coleta os valores e depois empresta o dinheiro aos negócios que se candidatam. Algo que você precisará ter em mente é que o empréstimo entre pares, em geral, é mais caro do que o financiamento bancário. Os investidores estão cientes de que é um "ativo" mais arriscado do que a poupança, e há momentos em que seus fundos não são utilizados e, mesmo assim, eles buscam retorno anual. Acrescente a isso os valores cobrados pelos intermediários, e fica claro porque as taxas podem ser mais altas.

Financiamento por equity

Quando se trata de financiamento por equity, provavelmente há ainda mais opções que precisam ser consideradas. O financiamento por dívida é relativamente simples: uma vez considerado o impacto dos pagamentos de parcelas no fluxo de caixa e o custo total da dívida, você pode comparar diferentes ofertas e tipos de financiamento. No financiamento por equity, por outro lado, a flexibilidade que pode se revelar benéfica no momento da captação de recursos pode causar problemas no final.

Quando pensamos nesse tipo de financiamento, o que vem à mente é o capital de risco. Isso geralmente se limita a negócios de alto crescimento e alto retorno. Todos nós já ouvimos histórias sobre arrecadação de fundos multimilionários e o impacto que isso tem na tração do negócio. As histórias que ouvimos também tendem a se concentrar em startups de tecnologia. No entanto, o financiamento por equity é uma possibilidade para todos os níveis e tipos de mercado.

Em sua forma mais simples, um acordo deste tipo pode envolver dois amigos começando um negócio juntos, com um fornecendo a propriedade intelectual de como operar o negócio, e o outro fornecendo o capital para iniciar a atividade. Outra alternativa seria um acordo entre pai e filho, no qual o filho se compromete a iniciar um negócio e o pai injeta fundos para que a atividade comece, em troca de 25% das ações da empresa.

Esses são arranjos extremamente comuns e, embora não sejam divulgados na mídia da mesma forma que uma startup de tecnologia que consegue novos investimentos, as questões a serem consideradas são as mesmas, no melhor estilo "capital de risco". Cobriremos com mais detalhes essa modalidade no Capítulo 11.

E então, qual a melhor opção para o seu negócio?

Não há uma resposta única para o que funcionaria melhor para você, pois diferentes tipos de financiamento se adequam a diferentes negócios. Tipicamente, para ter sucesso com o financiamento de capital de risco, seu negócio precisaria ter ambições globais, um conceito escalável e um mercado muito grande. Isso se deve à forma como o capital de risco funciona e às metas de crescimento necessárias para que os fundos obtenham retornos. No entanto, como sabemos, nem todo financiamento por equity é apoiado por capital de risco, e pode ser que um arranjo simples funcione bem tanto para você quanto para o investidor. O financiamento por dívida também tem suas próprias limitações: as instituições financeiras procuram segurança e garantia, e quase sempre há um período de retorno incorporado ao acordo que requer um fluxo de caixa positivo.

Um momento para refletir

Embora você possa desfrutar da "vitória" de conseguir um financiamento por equity, e talvez não queira enfrentar nenhum medo arraigado de contrair dívidas, você precisa se colocar no lugar de seus financiadores e de seu próprio negócio como uma entidade terceira. Que tipo de financiamento é mais adequado para você? É possível arcar com os pagamentos mensais da dívida? Você quer estar vinculado a um investidor até o dia em que vender o negócio? Qual é o mal menor (ou o benefício maior, dependendo do que eles têm a oferecer): uma reunião assustadora com o gerente do banco a cada ano, ou um investidor externo se envolvendo em seu negócio? Tire um momento para pensar no que você espera da relação de financiamento, o que seria oferecido na prática e qual a rota que melhor beneficiaria o negócio.

Independentemente de como decidir levantar fundos (dívida ou equity) e de quem você os toma emprestado (um banco ou um membro da família), é *vital* que você se certifique de que haja um acordo sólido para proteger todas as partes e para evitar quaisquer mal-entendidos. Para uma dívida, isso normalmente tomaria a forma de um contrato de empréstimo, que estabeleceria os prazos, o cronograma de pagamentos, os montantes a serem pagos e a taxa de juros cobrada. Já em um acordo de equity, o contrato seria feito conforme a natureza da transação, a quantidade de ações transferidas e os direitos ligados a essas ações (por exemplo: direito a um retorno financeiro na forma de dividendos, direitos de voto e direitos ao valor das ações se o negócio for vendido). Esses acordos podem também cobrir aspectos como até que ponto os acionistas podem contribuir para o negócio e direitos de aquisição, além de cobrirem diferenças nos tipos de ações (por exemplo: ações ordinárias *versus* ações preferenciais). É muito importante que você procure aconselhamento jurídico independente para qualquer acordo que escolha fechar.

Obtendo financiamento: elaboração de um plano de negócios formal

Agora que você sabe o tipo de financiamento que gostaria de obter, é hora de elaborar o plano de negócios formal. No último capítulo, deixei claro que o processo de planejamento é muito diferente do processo de elaboração de um plano de negócios, e muitas vezes as duas tarefas são combinadas ou consideradas a mesma coisa. Para maior clareza, vamos analisar agora o documento que seus financiadores esperam receber, *não* o processo pelo qual você precisa passar para planejar o crescimento do seu negócio.

Plano *vs* pitch de negócios

Se você estiver à procura de um empréstimo, o banco vai querer um plano de negócios que inclua algumas das coisas que discutimos no último capítulo, junto com as projeções financeiras. O mundo do equity é um pouco diferente. Para negócios de maior crescimento, os investidores olham mais para adequação do produto ao mercado, a escala do mercado, o empresário fundador e a equipe. O documento inicial que eles querem ver é conhecido como pitch deck. A melhor maneira de diferenciar um plano de negócios de um pitch deck é lembrar que um é mais estruturado, enquanto o outro é projetado para "vender" o conceito e as estatísticas positivas. Nos dois casos, sugiro que um plano de negócios sólido seja produzido, a partir do qual os principais pontos e os números-chave podem ser extraídos para serem incluídos em um pitch.

Um plano de negócios é composto de duas seções — palavras e números — e os elementos incluídos na seção "palavras" foram detalhados no Capítulo 4. Para a seção de "números", o banco espera que você apresente o seguinte:

Projeções de lucros e perdas: os financiadores querem ver projeções para o período do empréstimo, com uma simulação de lucros e perdas contábeis, discriminadas por mês. Lembre-se que isso deve ser baseado em faturamento, não em dinheiro, e deve incluir ajustes como amortização.

Projeções de fluxo de caixa: com base nos lucros e perdas, você também deverá produzir projeções de fluxo de caixa para o período do empréstimo, a fim de demonstrar seu potencial para arcar com os custos. Elas devem incluir ajustes levando em conta as transações reais de dinheiro. Assim, por exemplo, os valores englobariam impostos sobre vendas e o pagamento de parcelas da dívida. Cada mês deve mostrar que a empresa tem dinheiro suficiente para honrar seus compromissos.

Projeções de balanço: diferentemente das projeções de lucros e perdas, que mostram o desempenho de um negócio durante um período de tempo, um balanço é um panorama do que uma empresa possui (ativos) *versus* o que ela deve (passivos), e como tudo isso é financiado (capital). Os bancos analisarão a posição financeira projetada no balanço para compreender os ativos e a liquidez da empresa, em comparação com o nível de débito.

Normalmente, um gerente bancário revisaria essas projeções para garantir que o empresário tenha sido razoável em sua avaliação do mercado e da receita, e também para verificar se ele incluiu todos os custos potenciais do negócio de forma realista. Se estiverem satisfeitos com isso, verificarão os planos de acordo com seus critérios de empréstimo, considerando questões como "cobertura de juros" (há lucro suficiente para cobrir o custo do empréstimo?).

Dependendo do resultado esperado, um investidor de equity vai olhar para essas projeções de forma completamente diferente. Para uma empresa em rápido crescimento, ele pode não ter a pretensão de ver lucro nos primeiros três anos. Por mais absurdo que isso pareça, negócios com uma ideia inovadora e potencial global lutam para conseguir, em primeira instância, participação de mercado em vez de lucro, e os investidores preferem que qualquer dinheiro de reserva seja reinvestido em marketing e desenvolvimento de produtos. Por outro lado, um investidor que é membro da família pode ter a visão prudente de um gerente de banco. O importante aqui é entender o que seu investidor está procurando, e, antes de ajustar seus planos para atender às demandas, assegure-se de que seja o caminho que você gostaria de seguir primeiro.

Um momento para refletir

O resultado que seus financiadores esperam pode não ser necessariamente o resultado que você quer. Por exemplo, as empresas de capital de risco muitas vezes estão cientes do fato de que uma parte de seus negócios fracassará e, como tal, só investem naqueles com enorme potencial de crescimento. Se esse tipo de pressão não for o que você previu quando embarcou nesta jornada, tudo bem, mas tenha isso claro e certifique-se de que suas opiniões e as de seus financiadores estejam alinhadas para evitar qualquer conflito no final.

É claro que, com objetivos diferentes, a definição de um "plano de sucesso" será diferente de financiador para financiador. A melhor coisa a fazer é ter uma conversa aberta e honesta nos estágios iniciais para estabelecer o que os financiadores esperam do plano e do negócio. Isso pode economizar muito estresse e dor de cabeça.

Uma vez que isso esteja esclarecido, o plano formal pode começar a ser feito. Recomendo que você contrate um profissional para garantir que o plano seja apresentado da melhor maneira possível. Um contador é capaz de ajudá-lo a produzir as projeções detalhadas anteriormente; entretanto, é importante que você se aproprie dos números e das principais proporções. Se decidir buscar aconselhamento profissional, certifique-se de saber exatamente como os documentos são elaborados e em que se baseiam os números. Também valeria a pena fazer com que a apresentação do plano fosse revista por algumas pessoas diferentes, para garantir que este seja ao mesmo tempo compreensível e convincente. O que parece óbvio pode não ser para um estranho, e você precisa garantir que o leitor de seu plano possa entender de imediato o que você faz, como faz e por que o faz.

Então, é um caso típico de causar uma ótima primeira impressão! Eu recomendo que um plano de negócios tenha em torno de quinze a trinta páginas, no máximo, e seja dividido entre palavras e números aproximadamente na mesma proporção. Um plano curto demais passa a impressão de que pouco esforço foi investido, e longo demais assusta. Lembre-se que o gerente do banco também é humano, e seu trabalho é tornar sua proposta o mais atraente possível. Ninguém gosta de se afogar em montanhas de papel.

O grande dia

Tanto para persuadir um investidor privado quanto para ir ao banco pedir um empréstimo, a preparação para o grande dia é a mesma:

Cause uma ótima **impressão:** é um tanto óbvio, mas você deve chegar na hora certa, estar bempreparado e apresentável. Os bancos não esperam necessariamente que você use seu traje mais formal, mas que você trate a ocasião e o tempo deles com respeito.

Domine seu plano: exiba seu plano com confiança. Certifique-se de que possa apresentar uma justificativa convincente sobre a razão pela qual eles devem financiá-lo.

Reforce a emoção com lógica: se fizer uma boa apresentação e causar uma ótima primeira impressão, você precisará apoiar isso com razões lógicas pelas quais os financiadores devem investir em seu negócio. Conhecer os principais dados sobre o mercado e sua proposta ajudará nisso.

Conheça seus números: todos nós já vimos isso nos programas de TV relacionados ao mundo dos negócios. Um empreendedor principiante incorre em erros por não saber a diferença entre lucro líquido e lucro bruto, ou por não entender suas margens.

Se esses termos parecerem complicados, peça a um contador não apenas que prepare seus números, mas que os explique até que você os entenda. É uma lição necessária para levantar fundos e administrar um negócio.

Não aceite a primeira oferta: é raro que um banco ofereça financiamento na primeira reunião, mas um investidor privado pode fazê-lo. Independentemente disso, se e quando você receber uma carta de oferta, certifique-se de compará-la com o mercado e com qualquer outra oferta que possa receber, e de que está confortável com os termos. Se tiver alguma dúvida ou pergunta, esse é o momento de se expressar.

Esteja preparado para que a decisão seja tomada nos bastidores: particularmente nos bancos, você verá que a pessoa com quem se encontra não é a que tomará a decisão. É improvável que tenha a chance de falar com quem bate o martelo, muito menos de se encontrar com ele. Embora o gerente que o recebe para uma reunião possa ficar entusiasmado com seus negócios, quem toma a decisão pode não ficar.

Vale lembrar que talvez seja necessário abordar mais de um banco ou investidor para conseguir os fundos e adaptar continuamente o plano com o passar do tempo. Um erro que muitos donos de negócios cometem é abordar primeiro seu banco pessoal, com a impressão de que isso vai ajudá-los de alguma forma. Ser um cliente não comercial de um banco tem pouco peso no processo de tomada de decisões para empréstimos, pois os departamentos comerciais são administrados separadamente.

Uma última advertência

Nunca é demais enfatizar o quanto é importante ter o financiador e o financiamento certos. Os empréstimos podem ser extremamente rígidos, os saques a descoberto, retirados a qualquer momento e o factoring, um beco sem saída. Investimentos por equity podem vir acompanhados de empresários que querem empurrar o negócio para fora de sua zona de conforto a todo custo e investidores-anjo mais entusiasmados do que você gostaria.

Nenhum financiamento é perfeito, mas certifique-se de que um determinado tipo é adequado para você. Crie listas do que espera (e não espera) dos financiadores do seu negócio. Compare as propostas, considere todas as opções e, por fim, decida o que é melhor para *você*.

Resumo do Capítulo 5

Neste capítulo, examinamos os diferentes tipos de financiamento normalmente disponíveis para iniciar um negócio. Analisamos as diferenças entre financiamento por dívida e financiamento por equity, tanto do ponto de vista do produto (como você recebe o dinheiro e como o financiador tem um retorno), quanto do ponto de vista prático do que o financiador procura alcançar com o investimento. Analisamos as projeções financeiras necessárias para criar um plano de negócios e consideramos alguns aspectos práticos em que você precisa pensar antes de buscar um financiador.

Antes de prosseguir, reflita sobre todas as questões apresentadas ao longo do capítulo e responda as seguintes perguntas:

- Que tipos de financiamentos são apropriados para a proposta de seu negócio?
- Quando você se comprometerá a elaborar suas projeções financeiras e a versão final de seu plano de negócios? Tome nota de qualquer assistência de que precisará para essa finalidade, seja na produção dos documentos ou na fase de revisão.
- Quando você se comprometerá a encontrar possíveis financiadores?

06

Como dar o importante primeiro passo

Neste capítulo você vai:

- certificar-se de que pensou bem em alguns dos detalhes necessários para começar um negócio;
- formar uma "equipe dos sonhos" de conselheiros para ajudá-lo em seu caminho;
- aprender como selecionar algumas das principais ferramentas de software necessárias;
- entender como encontrar seus primeiros clientes e fornecedores.

Estamos chegando ao final do processo de planejamento, mas há alguns assuntos administrativos que precisamos tratar antes que o negócio comece a funcionar. Alguns não serão relevantes para você, entretanto, é vital que pense em todos antes de mergulhar de cabeça no negócio. O capítulo está cheio de sugestões de ações, por isso, talvez valha a pena criar uma lista de afazeres.

Escolhendo o tipo certo de negócio para atuar

É preciso decidir o tipo de entidade jurídica que constituirá seu negócio. Antes de decidir, faça o seguinte:

- Fale com um especialista jurídico para entender as implicações legais de cada formato empresarial;
- Fale com um contador para entender todas as distinções fiscais entre os diferentes tipos de negócios;
- Pesquise as informações do governo local para entender como montar o negócio;
- Converse sobre isso com todos os parceiros para garantir que estejam alinhados com a decisão.

Vamos falar da "equipe dos sonhos" mais adiante neste capítulo, processo de seleção que não será tão oneroso quanto pode soar.

Registro nos órgãos de tributação

Ninguém gosta do dia em que tem que pagar seus impostos, mas é uma parte da vida que não podemos evitar, e eticamente é algo que devemos fazer de forma correta desde o primeiro dia. Como parte do processo de implantação do negócio, você deve conversar com seu contador para saber quais as implicações fiscais impostas ao seu tipo de negócio.

Uma das primeiras coisas que você precisará fazer é registrar sua nova empresa junto aos órgãos de tributação. Isso pode incluir impostos corporativos, impostos sobre a folha de pagamento e impostos sobre vendas. Alguns setores também podem exigir registros ou declarações específicos.

Essa tarefa é algo que você mesmo pode fazer, ou terceirizar a um consultor. Dado o fato de que geralmente há penalidades para quem não paga impostos corretamente, vale a pena se informar com especialistas se tiver qualquer dúvida sobre o que precisa fazer para cumprir com suas obrigações.

Prepare um acordo entre sócios e acionistas, se necessário

Uma das primeiras afirmações que ouvi neste ramo foi que "arrumar um sócio é pedir para afundar o navio". Isso pode não ser verdade no seu caso, e é claro que ninguém entra em um negócio com outra pessoa com a intenção de falhar. Assim como os casamentos, as parcerias de negócios podem azedar. Há várias razões para isso, porém, nos negócios, elas tendem a se resumir ao fato de que um dos lados não cumpriu sua parte do acordo.

Se está entrando em uma parceria com outra(s) pessoa(s), você e seus potenciais parceiros comerciais já discutiram qual é a parte de cada um? A falta de clareza sobre as expectativas mútuas é normalmente a causa de mal-entendidos, que podem se transformar em disputas legais.

Vale a pena discutir um acordo entre seus parceiros para garantir que vocês estejam alinhados quanto ao funcionamento do negócio. Conversem sobre aspectos como a divisão de propriedade, a participação nos lucros, quem fará cada tarefa e como as decisões serão tomadas. É também um ótimo momento para discutir as questões mais complicadas, como o que acontece se o negócio não tiver sucesso e se algum dos parceiros cair fora.

Você não precisa necessariamente contratar um advogado para fazer isso, entretanto, acredito que seja uma boa ideia. Um advogado corporativo tem experiência na preparação desses documentos e, mais importante, experiência para defender o seu lado. Ele sinalizará coisas em que você não pensou antes e ajudará a mediar as conversas difíceis. Além disso, se o tipo de entidade precisar que esse acordo tenha um formato certo, o advogado se certificará de que o documento seja elaborado de forma adequada.

Formando a equipe dos sonhos

Já vimos a necessidade de contratar alguns consultores. Isso pode parecer muito caro, mas não entre em pânico! A realidade de tocar um negócio é que você não pode fazer tudo sozinho. Nenhum de nós pode afirmar ser especialista em todas as áreas.

Tenho dois tipos de apoio envolvidos em meus negócios: minha "equipe dos sonhos" e fornecedores e consultores externos com os quais me relaciono de forma profissional. Às vezes, os membros da minha equipe se tornam fornecedores e vice-versa. A "equipe dos sonhos" é um grupo de amigos do ramo, que apoiam e orientam uns aos outros em suas respectivas áreas. Ela inclui especialistas em marketing, vendas, tecnologia, questões jurídicas e cultura organizacional — praticamente todas as áreas de gestão de um negócio. Gosto de pensar que eu também contribuo. Há algumas regras não ditas que todos nós aderimos, dentre elas: só aceitamos o que também oferecemos, e não tiramos proveito da situação!

Quando se trata de conselhos mais formais, recomendo que cada empresa encontre um consultor jurídico e um contador antes mesmo que seja necessário. O consultor jurídico pode ajudar a garantir que o negócio seja estruturado adequadamente e que quaisquer acordos sejam sólidos, e o contador pode garantir que o negócio esteja preparado do ponto de vista fiscal e que as projeções financeiras sejam coerentes.

Calcule o gasto com os equipamentos iniciais necessários

Chegou a hora de comprar brinquedos novos! Ou, talvez, brinquedos não tão novos. Você terá diferentes necessidades de equipamento, dependendo do tipo de negócio que estiver administrando: alguns precisarão de tecnologia de ponta, outros de maquinários e ferramentas. Essa é uma área onde novos negócios podem facilmente ultrapassar os custos. Certifique-se de que suas compras estejam todas de acordo com seus planos financeiros e seja rigoroso com o orçamento.

Um dos fatores a se considerar é a necessidade de equipamentos novos, ou se é possível adquirir equipamento de segunda mão. Ao ponderar essa questão, certifique-se de não negligenciar as reais necessidades. Não adianta comprar algo que precisará ser substituído dentro de alguns meses. Digo por experiência própria. Ano passado, adquiri um computador reformado por um preço módico, e a coisa não estava nem perto do que eu precisava. Seu tempo de uso durou cerca de três meses, e devem ter sido os três meses menos produtivos da minha vida profissional! Parecia uma boa maneira de economizar alguns centavos na época, mas tudo o que fiz foi adiar o inevitável e ter que comprar um equipamento moderno que pudesse executar todas as aplicações de que eu precisava, sem atraso. Encontrar equilíbrio entre custo e desempenho é fundamental.

Encontre o local para as instalações

Em seguida, você precisa considerar de onde vai administrar seu negócio. A mesa da cozinha de casa é ótima no início, porém, eventualmente, se torna pequena demais. Eu também senti na pele o desafio de fazer malabarismos entre trabalho e vida pessoal, portanto, se puder tentar separar os dois, isso o ajudará a se concentrar no negócio quando necessário e vice-versa.

Reserve, no mínimo, uma área na casa de onde poderá trabalhar. O ideal seria uma sala interna ou externa que pudesse ser usada como um escritório. No entanto, também há a possibilidade de alugar um escritório desde o primeiro dia, ou, se sua empresa precisar de uma instalação maior para funcionar, você pode colocar uma área de escritório dentro da loja ou fábrica. Escritórios alugados são ótimos para negócios menores. Embora, à primeira vista, pareçam um gasto a mais, são espaços que permitem que você tenha flexibilidade para crescer, e na maioria das vezes os termos são muito mais flexíveis do que um arrendamento tradicional. Além disso, a infraestrutura, como luz, sistemas de ar-condicionado e conexões de internet, pode já vir embutida. Se for um espaço com vários escritórios, você estará inserido em uma comunidade — algo muito importante se estiver começando por conta própria.

Instale o serviço de telefone

Pode parecer antiquado para alguns, e óbvio para outros, mas, acreditem ou não, algumas pessoas esperam que você tenha uma linha telefônica comercial! Se vive em uma região que tem números similares para celulares e telefones fixos, como os EUA, um plano de telefone celular pode ser suficiente; entretanto, em países como o Reino Unido, que têm números específicos para telefones celulares, você provavelmente vai querer considerar a compra de um telefone fixo ou de um adaptador para um sistema de desvio de chamada/VOIP.

Seja qual for o caminho escolhido, vale a pena pensar em como gostaria que seus clientes entrassem em contato. Eles devem entrar em contato por telefone, preencher formulários na web ou comprar diretamente online? Seu telefone será usado somente para central de atendimento e garantia do cliente, ou para vendas? Pense em como os canais de comunicação dentro do seu negócio serão utilizados.

Crie um site

Nessa fase, a primeira coisa a se fazer é assegurar o nome do domínio para seu negócio na internet. O ideal é que seja o nome fantasia, mas talvez seja preciso pensar em uma variação criativa.

Historicamente, os negócios se preocupavam com o modo que o domínio deveria ser apresentado, e essa preocupação foi reforçada quando os domínios de topo surgiram. A equipe de marketing alegava que todos precisavam de domínios criativos, e alguns negócios temiam que seu site pareceria desatualizado. Os otimizadores de mecanismos de busca alegavam que o Google classificava os negócios com base em seu domínio, e alguns entraram em pânico por precisarem de domínios focados em SEO (*Search Engine Optimization* [otimização de mecanismos de busca]), que incluem palavras-chave.

A realidade hoje é que, desde que o endereço do site seja fácil de ler, fácil de falar (sem grafias ambíguas) e, idealmente, termine em ".com", ficará tudo bem. Muitos dos nomes já estão em uso e você talvez tenha que considerar o uso de hífen, ou de um prefixo como parte do nome de domínio. Isso não é tão ruim quanto as pessoas temiam há apenas alguns anos. Em um mundo ideal, o nome do domínio de seu site corresponderá ao negócio.

Uma vez que resolva isso e seu novo endereço de e-mail, precisará desenvolver o site. Essa é uma área na qual as empresas gastam tempo e dinheiro em excesso. Hoje em dia, os sites são menos importantes do que já foram, e, a menos que esteja administrando uma plataforma ou negócio de comércio eletrônico online, encare a criação do site como uma tarefa comum, não a mais importante. Um designer será capaz de ajudá-lo a criar um site com bastante facilidade, e é importante que você pense primeiro na experiência do usuário via telefone móvel, dadas as tendências de uso da internet na última década.

Estabeleça uma presença nas redes sociais

Nessa fase, não proponho que você passe muito tempo nas redes. Aliás, é comum os donos de negócios se distraírem com isso e esquecerem do que precisam fazer. Sugiro apenas que você garanta que o nome de seu negócio seja seu nome de usuário em todas as principais plataformas, incluindo Facebook, Twitter, Instagram, LinkedIn, TikTok e Snapchat. Também sugiro que marque presença em redes como Pinterest e YouTube.

Mesmo que não tenha intenção de usar essas plataformas, é importante que se aproprie o máximo possível dos nomes de usuário de que precisa para estabelecer sua presença online.

Esse também é um bom momento para começar a pensar em outros detalhes necessários para promover seu negócio. Você pode já ter um logotipo, mas não é o suficiente. Pense nas imagens e vídeos que pode criar para ajudar a elevar sua marca. Entraremos em mais detalhes sobre isso na Parte Três do livro.

Adquira um office suite e crie um e-mail

Adquira alguns softwares básicos que você precisará em seu negócio. As primeiras ferramentas de que precisará serão aplicativos de escritório e de e-mail. Minha regra geral com a maioria dos softwares agora é olhar primeiro para um sistema online na nuvem e só depois olhar para versões de desktop, para o caso de haver algo que não possa ser feito totalmente online, felizmente mais raro hoje em dia. Os pacotes online, tais como o Office 365 e o Google Apps, estão disponíveis para assinatura mensal, o que garante um software atualizado e que todos os dados sejam automaticamente copiados. Pense também se precisa de sistemas de armazenamento de documentos, tais como Dropbox, Google Drive ou OneDrive, e um sistema de gerenciamento de tarefas.

Escolha serviços de contabilidade

Também é preciso incluir serviços de contabilidade em seu negócio para que haja acompanhamento de todas as transações e certeza de que as declarações de impostos sejam preparadas a tempo. Um bom pacote de serviços contábeis também permite o monitoramento do desempenho financeiro, para que você possa comparar resultados reais com os planos previamente estabelecidos.

O ideal é que tudo esteja conectado à sua conta bancária para que você não tenha que inserir manualmente todas as operações no sistema. Esses pacotes têm um pequeno custo mensal e poupam uma quantidade significativa de tempo. Seu contador pode ajudar com recomendações, e é importante que você se sinta confortável com o modelo escolhido. Há alguns pacotes de software líderes de mercado disponíveis globalmente, incluindo QuickBooks, Xero e Sage.

Escolha um sistema CRM

Outro pacote de software a ser considerado é um sistema CRM (*Customer Relationship Management* [gestão de relações com o cliente]). Há muitos tipos de sistemas CRM atualmente, e o melhor para você dependerá muito do tipo de negócio que irá tocar. Por exemplo, se estiver criando um site de comércio eletrônico, o Shopify fará tudo que precisa.

Uma das mudanças mais importantes nos pacotes de software tem sido o movimento em direção à integração, por meio do uso de APIs (*Application Programming Interfaces* [interfaces de programação de aplicativos]). Em termos simples, elas permitem que diferentes pacotes de software transfiram dados uns aos outros. Assim, você pode conectar seu sistema CRM com seu pacote de contabilidade e seu software de e-mail para economizar o esforço de inserir informações em cada um deles. Isso às vezes é feito através de ferramentas como o Zapier. Assim, procure um sistema CRM e demais softwares que sejam "bonzinhos" e transfiram dados sem problemas entre si, para minimizar a quantidade de tempo e energia dedicados à administração.

Encontre seus primeiros fornecedores

Toda empresa precisa de fornecedores de algum tipo, seja para estoque ou para serviços auxiliares, então é bom tirar um tempo para pensar na melhor maneira de encontrar e avaliar fornecedores.

A internet é maravilhosa, mas vai direcioná-lo a fornecedores que tiveram mais orçamento de marketing para ficar em evidência. Isso pode ser um bom sinal, pois significa que eles investem em si mesmos; no entanto, não é necessariamente um selo de credibilidade. Certifique-se de que sua pesquisa vá além de uma simples busca no Google e procure por opiniões reais dos clientes. Se puder, tente falar com clientes antigos para descobrir suas experiências com o fornecedor, do ponto de vista do desempenho do produto/serviço e de como funciona a parceria.

Sugiro também falar com qualquer associação comercial de seu setor. Será uma fonte útil de oportunidades de networking e aprendizado e o ajudará a encontrar fornecedores respeitados em sua indústria.

Sempre que estou considerando fechar negócio com um novo fornecedor, gosto de fazer algumas perguntas a mim mesmo para verificar se é o esquema certo para mim:

- **O produto ou serviço pode ser usado hoje?** Em outras palavras, eles estão no melhor momento em sua jornada e podem atender meu negócio adequadamente?
- **O fornecedor ainda existirá daqui a dez anos?** A estabilidade financeira deles é suficiente para que eu possa ter certeza de que eles não deixarão de funcionar?

- **O produto ou serviço será o mesmo daqui a dez anos?** Ou é provável que eles vendam, fundam ou mudem seus negócios de área?

Encontre seus primeiros clientes

O último conselho que posso dar nessa fase é encontrar seus primeiros clientes. Dá medo, mas precisa ser feito. Cobriremos a questão do marketing com maior profundidade mais adiante neste livro, no Capítulo 8.

Muitos amigos desejam tudo de bom e dizem que comprarão seu produto ou serviço. Agora é a hora de eles colocarem em prática aquilo que prometeram, pois, francamente, você não pode pagar suas contas com bons votos.

Nesse ponto, minha recomendação é telefonar para todos com quem esteve conectado e os informar sobre sua empresa. Certifique-se de criar burburinho nas redes sociais sobre seu novo empreendimento e de fazer com que as pessoas falem dele. Se for adequado, você pode até pensar em sediar uma festa de lançamento ou um dia de recepção aberta.

Encontre maneiras de tentar começar com o pé direito e lembre-se do seguinte conselho que recebi quando criança: se você não perguntar, nunca vai saber.

Resumo do Capítulo 6

Neste capítulo, analisamos algumas das atividades práticas a serem realizada para o seu novo negócio: desde consultoria jurídica e financeira até a escolha de bons conselheiros. Analisamos os tipos de software que você pode precisar em seu negócio, algumas das tarefas de marketing a serem feitas antes do pontapé inicial e examinamos as formas de avaliar os fornecedores potenciais. Também falamos da compra de equipamentos necessários e da escolha do local onde o negócio será instalado. Tem sido um passeio e tanto, mas não se esqueça de que essas são coisas que precisam ser resolvidas o quanto antes em sua jornada de negócios.

Antes de prosseguir, reflita sobre todas as questões apresentadas ao longo do capítulo e responda as seguintes perguntas:

- Os conselheiros que você escolher o ajudarão nos negócios. Pense em algumas das pessoas que vêm à sua mente e anote o nome delas. O que elas têm a oferecer? Há algo que você possa oferecer em troca — como conselhos recíprocos, ou a criação de uma rede de apoio mútuo?

- Talvez o mais difícil aqui seja começar a fazer algumas ligações para captar clientes. É fácil criar uma campanha de rede social sem muita estratégia; difícil é falar diretamente com as pessoas. Por que não se comprometer com isso agora? Anote o dia em que fará isso. Talvez seja seu dia mais produtivo nos negócios até agora!

Parte três
Faça

07

Desenvolvendo sistemas e processos

Neste capítulo você vai:

- fazer um balanço do que conseguiu até o momento;
- aprender a importância de usar processos e sistemas sólidos para administrar seu negócio;
- descobrir as diferentes maneiras de desenvolver e documentar seus processos;
- compreender o que torna um processo eficaz e eficiente.

Tenho ótimas notícias! Neste ponto da jornada, você já fez a maior parte do trabalho duro. Você criou a ideia de negócio, calculou se existe um mercado adequado e produziu um monte de planos e documentos contendo informações sobre como tudo isso vai funcionar. Você iniciou o negócio, registrou tudo o que precisava, abriu uma conta bancária e fez sua primeira venda. A vida não é ótima?

Neste ponto da jornada, pode ser tentador colocar o pé no acelerador e tentar crescer o mais rápido possível, afinal, você não tem mais a segurança de um pagamento mensal e pode sentir que não há nada a perder. Como mais clientes poderia ser algo *nocivo* para o negócio? Como conseguir mais dinheiro no banco pode ser algo *ruim*?

Por que eu *não* deveria tentar expandir meu negócio?

Alguns dos meus conselhos neste capítulo podem parecer uma contradição, pois costumo dizer que a ação — a parte "faça" do processo — é a etapa na qual a maioria dos donos de negócios se equivocam. Por que eu sugeriria qualquer coisa que não corresponda a uma ação direta em relação ao seu sonho?

A questão é que há uma diferença entre trabalhar *inteligentemente* e trabalhar *duro*. Há diferentes tipos de ação e, quando se dirige um negócio, as decisões raramente são binárias.

Andar antes de correr: por que sistemas e processos são importantes

Antes de mais nada, vamos pensar na teoria que sustenta a razão pela qual você talvez deva desacelerar mais do que gostaria.

Quando se dirige um negócio, é preciso fazer malabarismo com várias tarefas. A maioria de nós sabe disso, mas temos a tendência de pensar que as tarefas são apenas aquilo que diz respeito ao relacionamento direto com o cliente. Temos que equilibrar os e-mails, as propostas, a concepção de novos materiais de marketing etc. O problema é que essas são algumas das bolas com que fazemos malabarismos. São as tarefas óbvias e urgentes que precisamos fazer para conseguir novos clientes, fazer nosso trabalho e sermos pagos. Se deixarmos cair uma dessas bolas, percebemos de imediato.

Se colocarmos o pé no acelerador, teremos ainda mais bolas para equilibrar! E-mails são perdidos, chamadas acabam no correio de voz e os clientes ficam decepcionados. Esquecemos de pagar aos fornecedores, o que significa que os produtos ou serviços serão retidos; negligenciamos nossas finanças e acabamos gastando mais em marketing do que realmente podemos pagar. Em resumo, as bolas caem no chão em algum momento.

Também vale a pena considerar como as coisas são do ponto de vista do cliente. Você ficaria feliz em encontrar um produto ou um serviço e, em seguida, ter problemas com a transação ou entrega? Embora possa dar tudo certo no final, não é muito escalável permitir que chegue a esse ponto.

Se decidir expandir sua empresa, precisará de processos que os futuros membros da equipe possam seguir e pelos quais possam se tornar responsáveis. Caso contrário, você mesmo ficará fazendo malabarismos infinitos, e sabemos onde isso vai dar! Para evitar um desastre, é vital dividirmos tarefas de maneira a facilitá-las. É aqui que entram os processos e os sistemas.

Um momento para refletir

Vamos levar nossa analogia de malabarismo um pouco mais longe: das bolas que equilibramos, algumas são de borracha e outras, de cristal. As bolas de borracha podem cair, e serão perfeitamente reutilizáveis uma vez que forem limpas; mas as bolas de cristal podem quebrar a qualquer momento. Ao priorizar as "bolas de borracha" que não parecem urgentes, como processos de mapeamento prévio, você evita de quebrar as "bolas de cristal", que são clientes relevantes e o fluxo de caixa.

Mais importante, precisamos lembrar que as bolas de cristal incluem nossa saúde, nossa vida familiar e nosso bem-estar. Como donos de negócios, temos tendência a negligenciar essas áreas de nossas vidas, particularmente no início do negócio. Parte do motivo pelo qual usamos sistemas e processos para nos ajudar é para não quebrarmos essas preciosas bolas de cristal.

O que são sistemas e processos e qual a diferença entre eles?

Antes de continuarmos e discutirmos a criação de sistemas e processos que nos ajudem a fazer malabarismos de forma eficaz, vale a pena entender primeiro o significado de cada um. Muitas vezes, são palavras usadas de forma alternada pelos donos de negócios, mas isso não é muito preciso:

Sistema: um sistema reúne um grupo de *processos* dentro de uma determinada área de um negócio.

Processo: um processo é uma sequência de tarefas ou eventos (conhecidos como *procedimentos*) que viabilizam um resultado definido.

Procedimento: um procedimento é uma etapa de um *processo*, e a conclusão de cada procedimento é necessária para completar adequadamente um processo eficiente.

Instrução: uma instrução é um guia para que a equipe possa completar os *procedimentos* dentro dos *processos* e usá-los para alcançar os resultados esperados de um *sistema*.

> **Importante:** com frequência, esses termos são utilizados coloquialmente de forma alternada (por exemplo, alguém que diz "você não seguiu o sistema" em vez do processo). Tenha em mente que um "sistema" também pode se referir a uma ferramenta usada dentro de um procedimento — como um pacote de software. Isso pode ser confuso. Portanto, para os propósitos deste livro, vamos nos ater às definições mencionadas.

Sistemas

Vamos começar do maior para o menor. Antes de elaborar processos para certas partes de seu negócio, vale a pena dar um passo atrás e mapear as áreas em que você precisa de sistemas. Isso o ajudará a elaborar processos para esses sistemas e, em seguida, os procedimentos necessários para que os processos funcionem. Para a maioria dos negócios, estas são as primeiras áreas a se considerar:

- geração de leads (marketing);
- conversão de leads (vendas);
- realização do trabalho (operações);
- recrutamento e gestão de pessoas (recursos humanos);
- gerenciamento de recursos (financeiro).

Se pensou bem a respeito dos itens da lista enquanto a lia, deve ter notado que omiti deliberadamente a parte do atendimento ao cliente. Algumas empresas elaboram processos separados de atendimento ao cliente, mas prefiro incluí-lo no resultado de todos os processos e sistemas. Assim como esta é minha abordagem aos sistemas de atendimento ao cliente, se você decidir omitir uma área-chave do planejamento de sistemas, certifique-se de que tal área seja pensada adequadamente de outro modo.

Um momento para refletir

Agora é um momento ideal para refletir sobre o que você quer de seu negócio. Abordei anteriormente os diferentes tipos de personalidade: o trabalho que estamos discutindo neste capítulo está alocado no lado "gestor" de nosso papel como empresários. Se você não consegue pensar em nada pior do que documentar sistemas e processos, este é o momento ideal para refletir se seria mais feliz como autônomo, pois esse tipo de trabalho consumirá muito de seu tempo. Como alternativa, se tiver fundos suficientes, você pode recrutar gestores operacionais no início; no entanto, eles muitas vezes sobrecarregam o orçamento.

Sistemas de mensuração

Uma vez identificadas as áreas que necessitam de sistemas, você deve pensar qual é o resultado desejado e a métrica que usará para medi-lo. Que dado numérico ou estatística o ajudaria a saber se determinada parte do negócio está funcionando ou não? Para o marketing, pode ser o valor do pipeline de vendas, ou o número de leads gerados. Um sistema de vendas deve se concentrar no valor dos pedidos, mas isso é de fato importante se os pedidos não forem lucrativos? Esses resultados que devem ser rastreados são conhecidos como KPIs (*Key Performance Indicator* [indicadores-chave de desempenho]). O problema com os KPIs é que às vezes eles podem ser conflitantes, como mencionado no exemplo das vendas. Assim, uma vez que começamos, temos tendência natural de incluir cada vez mais KPIs em nossos sistemas, o que faz com que aspectos realmente importantes sejam deixados de lado. Tenho alguns métodos muito simples que utilizo para tentar manter o foco no que é importante em meus negócios:

1. Para as finanças, identificar os três maiores números na conta de lucros e perdas — para a maioria das empresas, esses correspondem à receita (renda total), ao lucro bruto (renda total menos custos diretamente relacionados com a renda, tais como compras de produtos) e às despesas gerais totais (todos os custos que não podem ser alocados diretamente à renda).
2. Para minha equipe, eu me concentro nas pontuações de engajamento através de pesquisas independentes, na rotatividade do pessoal (que porcentagem de colaboradores substituímos durante o ano) e nos resultados de desempenho.
3. Para as operações, as opções variam dependendo do tipo de negócio, mas normalmente verifico o rendimento

(a rapidez com que um serviço ou produto passa pelo sistema), a satisfação do cliente através de pesquisas simples ou usando o NPS (*Net Promoter Score*) e taxas de falhas (número de erros cometidos ou volume de produtos defeituosos).

4. Para as vendas, basicamente analiso a contribuição delas para a rentabilidade do negócio. Fico atento à receita e à rentabilidade por venda, mas, por baixo dessas estatísticas, também procuro mais detalhes, tais como taxas de conversão de vendas baseadas no tipo e valor de cada uma das vendas por funcionário ou por metro quadrado de uma instalação.
5. Para o marketing, é mais complicado, pois nem sempre há um retorno direto que possa ser rastreado. Portanto, em vez disso, procuro garantir que os gastos com marketing estejam dentro do orçamento e monitorar o valor do pipeline. Também fico de olho na conversão de leads, para garantir que os processos e atividades estejam ligados ao local de onde a receita realmente vem.

É perceptível que as sugestões mencionadas são genéricas e podem ser implementadas com pequenas mudanças na maioria dos tipos de negócios. É importante verificar se os KPIs que são projetados realmente atendem ao que você quer alcançar em cada função, e se há um equilíbrio adequado quando os KPIs potencialmente entram em conflito entre si.

Processos

Já identificamos quais sistemas precisamos e os resultados que queremos alcançar em cada área. A maneira como fazemos um sistema funcionar, no entanto, é colocando em prática processos eficazes e eficientes. Como aludido anteriormente, a maioria dos processos já está em vigor, embora apenas na mente do empresário. Para tornar um negócio verdadeiramente escalável, ele precisa pegar toda essa propriedade intelectual que está em sua cabeça e transformá-la em um processo que outros possam seguir. Um processo eficiente apresenta os seguintes critérios:

Eficácia: o processo afeta diretamente um KPI do qual depende o sucesso do sistema.

Eficiência: o processo não tem etapas supérfluas e está focado em minimizar o atrito entre os procedimentos, reduzindo o gasto de tempo.

Abrangência: cenários hipotéticos devem ser considerados e incluídos no processo como etapas opcionais, reduzindo o número de desvios do sistema.

Clareza: o processo precisa ser facilmente compreendido a nível de procedimento e por qualquer pessoa que o acompanhe.

Mencionei anteriormente que prefiro que os processos tenham o maior foco possível no atendimento ao cliente. Na ausência de um "sistema de atendimento ao cliente", coloco-me no lugar de cliente e de atendente para testar a integridade dos processos e garantir que o resultado seja positivo para ambos os lados.

Você também deve lembrar que um processo nunca está concluído — a tecnologia muda, e isso é o que tende a ter o maior impacto a nível de procedimento. Além disso, somos todos humanos, e é muito raro que nossa primeira tentativa de implementar um processo atenda a todos os quatro critérios listados antes. Nos estágios iniciais de um negócio, precisamos lembrar que estamos documentando os processos, não necessariamente estabelecendo-os de acordo com o padrão corporativo mais impecável.

Documentando um processo

Há várias maneiras de documentar um processo, desde compilar o mínimo necessário até excessos de complicação. Um processo pode ser simplesmente uma lista de afazeres de três procedimentos em um pedaço de papel, ou parte de um software de gerenciamento comercial com várias abas e outras complicações.

Muitas vezes, para um novo negócio, o sistema ideal pode ser mapeado em uma lista de verificação ou um fluxograma. Para os processos mais simples, prefiro uma lista de verificação, pois assim o documento será mais facilmente compreendido e simples de usar. Um fluxograma ajuda a visualizar a totalidade do processo à medida que o negócio se desenvolve, incluindo os vários fluxos diferentes que devem acontecer quando há um desvio do padrão. Há programas disponíveis para ajudar a construir ambos, tais como o Lucidchart, o draw.io e até mesmo o Microsoft Excel (minha escolha para documentos simples e pontuais).

É importante não complicar demais os processos em seu negócio. Embora possamos nos deixar levar pela tentativa de planejar cada cenário possível, às vezes é melhor apenas estabelecer um processo "versão 1" para garantir que os procedimentos importantes aconteçam. Um processo pode ser aprimorado ao longo do tempo, assim como tudo em sua empresa. A Tabela 7.1 fornece um exemplo de processo simples em forma de lista de verificação.

Tabela 7.1 Lista de verificação de um processo

Processo: responder a uma solicitação de suporte ao cliente	**Concluído**
1) Confirme pessoalmente o recebimento do pedido de suporte, os detalhes do contato e o tempo de resposta esperado, seguindo os modelos de resposta automatizada por e-mail.	
2) Registre o pedido de suporte no sistema CRM e designe a tarefa a si mesmo.	
3) Verifique o banco de dados para ver se esse assunto tem uma resposta modelo.	
4) Se houver qualquer atraso inesperado, informe o cliente o mais rápido possível e pergunte se há alguma outra forma de ajudar nesse meio-tempo.	
5) Atenda à solicitação de suporte, certificando-se de fornecer os detalhes de contato telefônico em caso de dificuldades.	
6) Registre a resposta no sistema CRM e marque a tarefa como "respondida".	
7) Faça um agendamento para se lembrar de contatar o cliente após 24 horas e verificar se o problema foi de fato resolvido, com referência tanto ao problema como às circunstâncias específicas do cliente para manter a comunicação pessoal.	
8) Registre a resposta no sistema CRM e marque a tarefa como "concluída".	
9) Se não houver uma resposta modelo no passo 3, por favor, crie uma entrada no banco de dados para essa consulta de suporte e certifique-se de colocar um título adequado para que outros possam pesquisá-la posteriormente.	

Essa é uma maneira de apresentar um processo simples dentro das operações de um negócio. Os procedimentos individuais dependem de tecnologia como sistemas CRM e e-mails, e uma grande parte do processo pode ser automatizada com um programa de gestão de clientes como Zendesk, LiveAgent ou Freshdesk. Um dos benefícios dessa forma de organizar um processo é tornar claro o uso de softwares, aumentando a eficiência da tarefa. É importante também equilibrar o tempo gasto na pesquisa de novas soluções. Por fim, certifique-se de que o processo seja completo, logicamente ordenado e de fácil compreensão.

Manual de operações

A preparação de um processo é um grande exercício teórico para verificar o que você faz no dia a dia, ainda que só o façamos para facilitar os malabarismos. De todo modo, nem o melhor dos processos trará melhorias se não for seguido.

Anteriormente, destacamos a "clareza" como parte fundamental de um processo. Se cada procedimento não for definido de forma clara e concisa, é muito difícil esperar que o processo seja seguido. O desafio com a concisão — como regra, de modo geral — é que é difícil incluir qualquer instrução para a realização de uma tarefa sem tornar todo o processo pesado. É aqui que um manual de operações entra, para ajudar a unir todos os sistemas, processos e procedimentos de um negócio.

Bastante utilizado em franquias que possuem diferentes locações, um manual de operações é a "bíblia" de um negócio. Ele reúne absolutamente tudo, desde a abertura das portas até a limpeza após o expediente. É aqui que os sistemas serão compilados, os processos, documentados e os procedimentos, explicados. Até mesmo instruções básicas do uso dos softwares devem constar nele, bem como qualquer outra atividade que possibilite a qualquer novo funcionário tocar o negócio em todos os aspectos.

Quando pensamos em manuais de operações, imaginamos livros antigos, empoeirados, que nunca são de fato usados. Atualmente, esses manuais tendem a ser documentos dinâmicos online, e podem tomar a forma de um banco de dados ou de um sistema intranet. Ao elaborá-lo, é importante pensar nele como uma "pasta de folhas soltas" em vez de um livro de capa dura — um manual de operações deve ser sempre um trabalho em andamento.

Um momento para refletir

Neste capítulo, abordamos muita teoria, o que pode parecer bastante assustador no início da gestão de uma empresa. Você pode se sentir confortável em administrá-la sem processos e manuais formais nessa fase, o que é absolutamente aceitável. Por enquanto, entenda o que constitui um sistema, um processo e um procedimento eficazes; esteja ciente da necessidade de documentá-los à medida que o negócio cresce; e adeque conforme as circunstâncias mudam.

Resumo do Capítulo 7

Neste capítulo, examinamos como é importante pensar em sistemas, processos e procedimentos. Examinamos a diferença entre eles e identificamos as áreas em que os sistemas são necessários. Consideramos quais são os principais atributos de um processo organizado e exploramos como desenvolvê-lo de modo que seja realmente utilizado e compreendido. Também refletimos por que isso é importante.

Antes de prosseguir, reflita sobre todas as questões apresentadas ao longo do capítulo e responda as seguintes perguntas:

- Quando você vai se comprometer a pensar em sistemas, processos e procedimentos? Embora eles não precisem necessariamente ser elaborados de início, pense nas áreas de seu negócio nas quais você precisará de sistemas e, no momento adequado, elabore os processos. Tente planejar ao menos um processo para entender melhor.

- Que áreas de seu negócio precisam de sistemas?

- Quais processo você tentará criar como parte deste exercício?

08

Encontrando seus clientes e o marketing adequado

Neste capítulo você vai:

- entender o que faz um cliente querer comprar de você;
- conhecer os diferentes métodos para encontrar clientes;
- aprender alguns princípios básicos de marketing e vendas;
- descobrir como construir um plano básico de marketing.

Em qualquer negócio, há duas atividades principais que, em última análise, ditam o sucesso ou o fracasso do empreendimento: encontrar e manter clientes. Sem um fluxo constante e previsível de clientes, você não consegue tomar qualquer decisão estratégica e pode facilmente cair na armadilha de administrar um negócio instável, vivendo uma rotina ainda mais estressante.

Se não conseguir manter clientes, também passará por maus bocados. De modo geral, é mais caro encontrar novos clientes do que manter os antigos, que já alimentam alguma forma de lealdade a você. Além disso, as pessoas *falam*. Se a qualidade de seu serviço ou produto não estiver no padrão certo em uma segunda ou terceira negociação, outros ouvirão falar disso. Imagine estar correndo na esteira dos negócios: não manter os clientes é como aumentar tanto a velocidade quanto a inclinação ao mesmo tempo.

Nós abordamos, no último capítulo, um pouco do que você precisa saber para ajudá-lo com essas atividades. A teoria por trás dos processos e sistemas pode ajudá-lo a elaborar maneiras de tornar mais fácil para sua empresa encontrar e manter clientes. Neste capítulo, teremos uma visão geral do mundo do marketing e da busca por clientes, e no Capítulo 9 daremos mais detalhes disso, analisando como você pode manter esses clientes e assegurando que seu negócio continue a funcionar de forma lucrativa.

Um momento para refletir

Muitos donos de negócios acreditam que, se tiverem a "fórmula mágica", o trabalho virá até eles: que um site elaborado atrairá visitantes à sua página, que uma ótima localização atrairá movimento para a loja, que o melhor produto vai vender igual água ou que um ótimo serviço prestado a um cliente atrairá outras dezenas de clientes similares. Isso simplesmente não é verdade. Em vez de esperar sentado pelo toque do telefone, este capítulo o ajudará a decidir a melhor maneira de promover e expandir seu negócio.

Delineando o cliente ideal

Antes de mergulhar em qualquer atividade de marketing, vale a pena pensar em como é seu cliente ideal: quem você quer que seja atendido pelo seu negócio?

Não há uma maneira única de delinear isso, mas uma série de questionamentos — como as perguntas que estão na sequência — ajudam a entender a essência do cliente ideal e a descobrir o que ele quer:

- Quantos anos ele tem?
- Com o que ele trabalha?
- Quais são seus objetivos na vida?
- Ele prioriza a saúde, a família ou a carreira?
- Ele prefere produtos de baixo custo ou premium?
- Se for uma criança, como se comporta?
- Que tipo de livros ele lê?
- Que tipo de filme assiste?
- Qual a primeira e segunda escolha de partidos políticos?
- Qual questão é mais importante para ele?
- Onde passa seu tempo livre?
- Quais os três principais motivos pelos quais ele procuraria um advogado?
- Usa muita maquiagem e cosméticos?
- Qual rede social ele usa?
- Que tipo de loja e vitrine o atrai?
- Que sites ele acessa com frequência?
- Que tipo de carro dirige? Qual o modelo? É elétrico ou usa combustível fóssil?
- Como ele se vestiria para o casamento de seu melhor amigo? E do vizinho? E de um conhecido aleatório?
- Ele preferiria construir algo com as próprias mãos ou contratar alguém para fazê-lo?
- Ele é cliente de qual banco?
- Se ele comprasse um produto de luxo, seria direto de algo que surge no Instagram ou da pasta de "salvos"?

É nítido que esta é uma mistura realmente eclética de perguntas. São exemplos do que você deveria se questionar. Em vez de apenas listar um conjunto de dados demográficos, esse exercício o ajuda a pensar por que seu cliente faz o que ele faz, o tipo de mensagens às quais ele está receptivo e como atingi-lo. Tenha em mente que essa lista não é definitiva, nem prescritiva. Fique à vontade para elaborar suas próprias perguntas, mas tente ser o mais abrangente possível. O erro é pensar apenas em perguntas restritas — por exemplo, um contador que pensa apenas nos motivos pelos quais alguém contrata serviços de contabilidade. É a amplitude das perguntas em todos os tipos de assuntos que ajuda a entender realmente a cabeça do cliente.

Uma vez que você compreenda quem é seu cliente ideal, conseguirá elaborar um material de marketing e um processo de atendimento ao cliente que atenda ou exceda as expectativas.

Devo escolher um nicho de mercado para o meu negócio?

Particularmente em B2B, uma questão frequente é se uma empresa deve se concentrar em um nicho de mercado e não no mercado em geral. O argumento contra ter um nicho é que isso pode resultar na necessidade de recusar clientes que não se encaixam no mercado-alvo.

Deixando de lado essa questão, quero comentar antes que todo negócio tem um mercado-alvo de algum tipo, seja ele descrito como um nicho de mercado ou não. A Waitrose sabe exatamente quem são seus clientes, assim como a Boots, a Mercedes e a Poundland. Com base nessa definição, essas empresas conseguem adaptar tanto o marketing quanto o atendimento ao cliente para atender às expectativas dos clientes. Entretanto, isso não as impede de fornecer seus produtos e serviços a outros clientes que querem comprá-los. Uma pessoa milionária deve receber exatamente o mesmo produto e atendimento na Poundland que qualquer outra pessoa, apesar de o marketing não ser direcionado aos mais abastados.

A partir dessa perspectiva, ter em mente que não há impedimento para lidar com pessoas fora de seu mercado-alvo assegura que você não mande ninguém porta afora. Agora, vamos considerar os benefícios de delimitar os clientes ideais:

- Direcionar as comunicações de modo que elas se adaptem ao conjunto de valores pessoais deles;
- Demonstrar como seu produto ou serviço pode ajudá-los a atingir os objetivos deles;
- Divulgar seu negócio nos sites que eles navegam e nas revistas que leem;
- Aproveitar os gêneros musicais que eles gostam e introduzir referências culturais que eles entenderão;
- Ter conversas pessoalmente ou via telefone com uma linguagem que entendam;
- Por fim, saber o que eles querem comprar e como gostam de comprá-lo.

Será preciso se esforçar para me convencer de que isso não é algo positivo!

Quais são as diferentes maneiras de divulgar seu negócio?

Qualquer pessoa que tenha desempenhado uma função no desenvolvimento de um negócio saberá que existem inúmeras maneiras de divulgá-lo, e, enquanto certas soluções são promovidas como fórmulas mágicas, aqueles que estão no mundo dos negócios há algum tempo sabem que existe uma regra geral que diz que apenas cerca da metade dos gastos com marketing funciona. Seria bom poder adivinhar qual metade valerá o gasto!

Marketing direto e indireto

Antes de olhar para as atividades específicas que você pode fazer, é importante distinguir entre dois tipos diferentes de marketing: direto e indireto.

Marketing direto: é o material que tem um impacto direto nas vendas de uma empresa, ou, mais precisamente, que pode ser totalmente rastreado e medido para uma ação específica de prospecção. Exemplos de marketing direto são parceiros de divulgação, publicidade PPC (pague por clique) e campanhas de mala direta.

Marketing indireto: abrange aspectos necessários para que um negócio tenha credibilidade no marketplace, mas não necessariamente leva a nenhuma venda. No entanto, é um apoio às atividades de marketing direto. Exemplos: investir no design do logotipo, em material impresso e em sinalização digital.

Essa é uma maneira muito ampla de distinguir as atividades, porém serve como um teste útil para um dono de negócio monitorar a quantidade de marketing direto e indireto que empreende. Se um lado não for coberto, é provável que o outro se torne ineficaz. Por exemplo, uma empresa que se concentra exclusivamente em marketing direto pode ser considerada como insubstancial; inversamente, uma empresa que se concentra exclusivamente em marketing indireto pode não ter visibilidade. Ao trabalhar em um equilíbrio cuidadoso em ambas as áreas, os negócios podem melhorar as taxas de conversão do marketing direto em mais vendas.

Vale lembrar que o marketing indireto também pode ser medido, até certo ponto. Os sites podem ser avaliados em termos de estatísticas como taxa de retorno, CTR (*click-through rate* [taxas de cliques]) e tempo de permanência na página. Os grupos focais podem ajudá-lo a avaliar quão bem um panfleto ou logotipo ressoa em seus clientes. Só porque você não pode rastrear uma quantia de determinado pagamento feito por um cliente específico, isso não significa que você deve deixar de mensurar as atividades.

Atividades de marketing

Agora que conhecemos uma forma ampla de dividir as atividades de marketing, é hora de analisar alguns dos diferentes tipos que um negócio pode empreender:

Marketing digital orgânico

No mundo de hoje, muitos negócios gravitam naturalmente em direção a esse tipo; no entanto, sem atividades de apoio, é realmente muito difícil gerar leads utilizando apenas o marketing online. As atividades incluem a construção de um site, a participação em fóruns do setor e a produção de conteúdo (abordado em mais detalhes a seguir).

Para essa categoria, em específico, incluímos também a otimização para mecanismos de busca (SEO). Em meados dos anos 2000, os negócios que tentavam aumentar sua proeminência em mecanismos de busca como o Google investiram bastante nessa categoria, e havia uma série de maneiras de otimizar sites para garantir que o seu negócio aparecesse na primeira página através das palavras-chave pelas quais você queria ser encontrado. Era preciso parecer relevante aos algoritmos do Google, mas isso às vezes levava a infrações por métodos “Black Hat”. Atualmente, os algoritmos do Google evoluíram a um ponto em que podem identificar de forma mais inteligente a relevância de um site. Durante a última década, questões como localização, sites amigáveis aos dispositivos móveis e experiência do usuário foram aprimoradas para garantir que os resultados orgânicos para as buscas sejam os melhores possíveis. Com isso, o papel de um especialista em SEO evoluiu, garantindo que toda a experiência do usuário esteja no nível que precisa estar.

Marketing de busca pago

Não é segredo que, se você quiser ser o número um no Google, a única maneira segura é pagar por isso. O Google usa um método chamado PPC, por meio do qual os negócios podem concorrer pelas melhores posições, com base em pagamento por usuário que clica no site. Embora isso pareça pouco elaborado, por ser uma atividade de marketing direto, há uma série de aspectos a considerar.

A questão mais óbvia é o custo por clique. De forma simples, se você pagar muito por clique, não terá um negócio lucrativo. Cada clique traz um visitante ao site, então você precisa calcular o custo por cliente convertido. Você também precisa pensar em como reduzir o custo por clique que o Google cobra. Apesar de parecer, o "vencedor" de um leilão de PPC pode não pagar o máximo pelos cliques. O Google recompensa e penaliza os sites de acordo com fatores como relevância e qualidade.

Marketing orgânico nas redes sociais

Depois do marketing digital orgânico, essa é a segunda área em que os negócios escolhem focar, porém, sem conteúdo de destaque ou criatividade, pode ser um fracasso. Para todos os efeitos, e dadas as expectativas atuais dos consumidores, o marketing nas redes sociais está agora intrinsecamente ligado ao marketing geral na internet. Para aqueles que procuram construir uma presença nas redes, é importante lembrar duas coisas:

- O negócio não é mais B2B ou B2C, é H2H, porque pessoas compram de pessoas.
- As métricas são irrelevantes se não levarem a dinheiro no banco.

Ao construir uma campanha para as redes sociais, concentre-se em mostrar personalidade em vez de um discurso de vendas corporativo, mesmo que esteja twittando ou postando em uma conta corporativa. Empresas como a Tesco e a Specsavers são grandes exemplos de como um tom pessoal pode ser combinado com um conjunto de diretrizes de marcas corporativas.

É preciso que seus perfis nas redes estejam onde seus clientes estão, e que o conteúdo seja criado de acordo com a plataforma. Uma das melhores dicas que já recebi sobre redes sociais é que é importante ouvir primeiro e aprender a cultura. Cada plataforma é diferente, e o que funciona no TikTok pode não funcionar no LinkedIn.

Marketing pago nas redes sociais

Cultivar um *hype* orgânico nas redes sociais é uma tarefa difícil e muitas vezes ingrata. Felizmente, de forma semelhante aos resultados de pesquisa do Google, você pode aumentar sua visibilidade pagando.

Cada rede funciona de forma um pouco diferente, mas, de modo geral, você pode pagar por cliques (semelhante ao Google) ou por impressões (visualizações no conteúdo da página). Assim como o Google, esses são mercados competitivos e você precisa ter certeza de que está pagando uma quantia apropriada por visualização/clique para que o negócio permaneça lucrativo. Um dos principais benefícios desse arranjo é que você pode refinar seu público, com base na demografia e nos interesses.

O efeito é muito maior do que imaginamos. Pense no que seria mais eficaz: um anúncio de TV genérico para uma empresa cervejeira custando 1 milhão de libras, ou 1 milhão de anúncios feitos sob medida custando 1 libra cada um, adaptados aos interesses e hobbies de cada usuário. Ao passo que a publicidade nas redes exige muito mais investimento e gestão, a conversão é significativamente maior.

Assim como no marketing orgânico nas redes sociais, leve em consideração o comportamento do usuário em cada site. Os usuários do Instagram, por exemplo, podem estar muito mais inclinados a fazer uma compra de um produto do que os usuários do Reddit. Uma ótima maneira de começar a entender o que funcionaria para seu negócio é simplesmente observar o que aparece na sua timeline ou no feed das diversas plataformas.

Marketing de influenciador

Nesta estratégia em evolução, os influenciadores digitais recebem produtos e/ou pagamentos em troca da divulgação de um produto ou serviço em seu perfil nas redes sociais.

Há algum nível de controvérsia em torno desse método de marketing, como em casos de influenciadores que não indicam claramente que uma divulgação é paga usando a hashtag #publi, e outros que obtêm seguidores falsos para inflar artificialmente seu alcance.

Embora o valor em troca dos likes no perfil de Kim Kardashian possa estar fora do alcance da maioria dos negócios, acredito que haja lugar para microinfluenciadores em cada área que o ajudariam a divulgar seu produto ou serviço. Antes de envolver um influenciador, é importante ser claro sobre o que você espera obter de uma campanha e o que seria um sinal de sucesso. As plataformas de rede social são notoriamente inconstantes, e é quase impossível prever o sucesso ou não de um post individual. O que permanece sob seu controle é o tipo de post, o número de posts e a mensagem a ser transmitida.

Outra advertência é que eu aconselho todas as empresas a encontrar influenciadores que já sejam defensores naturais do que você faz — um cliente é o influenciador ideal. Não há nada mais inconveniente para um cliente potencial do que a incongruência de um influenciador em série que anuncia shakes de proteína na segunda-feira e barras de chocolate na terça-feira.

Anúncios online

Esse é o último dos canais exclusivamente online que consideraremos. É uma área em declínio para muitos negócios, mas ainda vale a pena considerá-la do ponto de vista de notoriedade da marca. Quando a internet surgiu, os banners publicitários eram extremamente populares, porém, à medida que os usuários se acostumaram a eles, um fenômeno conhecido como "*banner blindness*" [cegueira de banner] entrou em jogo, e a presença desses *ads* em uma página começaram a passar despercebidas.

Dito isso, ainda é possível que os *ads* funcionem a seu favor, particularmente se forem usados de forma inteligente. A maioria dos portais online (como sites de notícias) é sustentada pela publicidade, e, desde que a publicidade seja relevante e benéfica, tanto para o conteúdo quanto para a experiência do usuário, pode ser um sucesso.

O marketing por e-mail é uma evolução natural da mala direta. Após uma mudança global na proteção de dados e na melhoria na filtragem nos serviços de e-mail, a relevância desse tipo de marketing diminuiu. Ainda assim, é válido manter um banco de dados legítimo e oferecer promoções regulares por e-mail.

Publicidade offline

Com a infinidade de opções online disponíveis, o marketing offline às vezes é esquecido, mas é um erro negligenciá-lo. A publicidade na imprensa local, nacional ou de um segmento específico ajuda a obter certo nível de credibilidade e consciência de marca que uma campanha online pode ter dificuldade de obter.

O desafio com a publicidade offline é que é notoriamente difícil rastrear seu sucesso. Os anúncios de revistas podem ser vistos por pessoas em consultórios médicos e salas de espera de aeroportos, assim como por aqueles que compraram a revista. Não só é difícil identificar o número de visualizadores, como normalmente o público não é muito direcionado, pois você não pode refiná-lo da mesma forma que faria nas redes sociais.

Há uma tendência crescente de que as editoras ofereçam oportunidades de marketing de conteúdo junto com anúncios. Embora pareça rédea livre para criar dois anúncios, você deve sempre estar atento à experiência do leitor e aproveitar ao máximo a oportunidade de demonstrar experiência, em vez de um discurso previsível de vendas.

Marketing de conteúdo

Esse é meu tipo favorito! O marketing de conteúdo é uma ótima maneira de construir credibilidade sobre o que você oferece. Em sua essência, o marketing de conteúdo cria informações valiosas em todas as suas formas, para que os usuários aprendam algo que não sabiam antes. Isso pode incluir posts em blogs, infográficos, atualizações nas redes sociais, colunas em revistas e vídeos.

Uma das grandes preocupações que os donos de negócios têm quanto a embarcar em uma campanha de criação de conteúdo é o medo de compartilhar toda a sua propriedade intelectual. Para mim, esse mito é infundado, já que, se procurar bastante, provavelmente encontrará a informação por aí de qualquer maneira — e se alguém não está preparado para pagar pelo que seu serviço, não é um cliente que valha a pena ter.

Outro problema que vejo é o seguinte: ao embarcarem em uma campanha de criação de conteúdo, algumas pessoas sofrem de "evasão da criatividade", fazendo tudo o que podem para evitar a criação de um bom conteúdo. Isso tende a se manifestar particularmente na busca das últimas e maiores ferramentas e equipamentos. Para produzir conteúdo de qualidade melhor que 99% das outras empresas, tudo o que é necessário é um smartphone, um computador, um microfone de lapela, um tripé e, é claro, algo que vale a pena compartilhar! Entraremos em mais detalhes de como criar um plano de conteúdo mais adiante, neste capítulo.

Relações Públicas

Muitas novas empresas hesitam em embarcar em uma campanha de RP pois se preocupam com preço e visibilidade — preocupações muito válidas, particularmente se a abordagem for feita de uma perspectiva de vaidade, e não com um objetivo estratégico. Por outro lado, pode ser uma ótima maneira de construir credibilidade dentro do setor e de trazer grande retorno financeiro, se for feita com inteligência.

Fiz muitas campanhas de relações públicas para meus próprios negócios e posso contar nos dedos o número de comunicados de imprensa que eu ou minha equipe enviamos. Em vez disso, olhamos para as atividades que podemos fazer para despertar o interesse dos jornalistas e garantir que estamos no lugar certo na hora certa. O mundo dos negócios está cheio de alguns exemplos surpreendentes de empresas que abraçaram a RP de forma eficaz para contar sua história, e talvez uma das melhores campanhas dos últimos anos tenha sido a campanha da Dove "Retratos da Real Beleza", que articulou publicidade tradicional com esforço conjunto das relações públicas para a disseminação de uma mensagem.

Como iniciante, você não terá o orçamento de uma empresa como a Dove para contratar as maiores agências do mundo, mas poderá fazer coisas que chamem a atenção dos jornalistas. As atividades de baixo custo que o colocarão no radar da imprensa incluem responder aos posts #JournoRequest no Twitter, participar de eventos "Meet the Journalist" e fazer networking em eventos onde a imprensa comparece em peso. Com uma história clara de por que você é diferente — que tem que ser interessante para outras pessoas —, ficará surpreso com a velocidade de reconhecimento que isso pode render.

Branding pessoal

O poder do branding pessoal está ligado às relações públicas, de certa forma. No mundo de hoje, vivemos em uma sociedade tristemente automatizada. Somos seres sociais por essência, mas estamos lidando cada vez menos com outras pessoas em nosso dia a dia. Vivemos agora em uma era de comodidades e isolamento — usamos Uber Eats em vez de visitar restaurantes, assistimos Netflix em vez de ir ao cinema e, no geral, não temos a mesma quantidade de contato humano que tínhamos há alguns anos.

Embora os negócios tenham sido impulsionados para a sistematização nas últimas décadas, as marcas que se destacam hoje são aquelas que abraçam a natureza humana perfeitamente imperfeita de sua equipe e prestam um ótimo serviço humanizado. Abordamos isso anteriormente ao nos referirmos a H2H.

Networking

O networking é um exercício de marketing que pode energizá-lo ou apavorá-lo de vez. Ainda não encontrei um método mais polarizador de divulgar um negócio do que o networking, e, embora eu goste, também tenho total empatia por aqueles que preferem não passar seu tempo em uma sala cheia de pessoas que não conhecem, jogando conversa fiada fora. Embora eu pudesse usar o espaço limitado desta seção para tentar convencê-lo dos benefícios do networking e de criar conexões poderosas, sou realista o suficiente para entender que alguns leitores simplesmente não vão querer comparecer a esses eventos.

Com base nisso, gostaria de me concentrar no que acredito ser o principal aspecto a ser lembrado quando se inicia o networking. Talvez o maior insight que posso oferecer seja meu entendimento de que o networking não serve para vender algo a quem participa de encontros; cada evento é simplesmente uma oportunidade para encontrar pessoas e conhecê-las pessoalmente. O networking efetivo resulta em conexões sólidas ao longo do tempo, e uma vez que as pessoas o conhecem e aprendem a confiar em você, elas naturalmente vão querer ajudá-lo, defendendo e apoiando seus negócios. Em vez de controlar quantas conversas de vendas você tem em um evento de networking, concentre-se em ter conversas profundas e estabelecer conexões significativas. Afinal de contas, assim como você, ninguém vai a um evento de networking pensando em comprar algo.

Evento de prospecção

Uma vez que tenha acumulado alguns clientes, pense em organizar eventos para que eles se conheçam e convide também clientes em potencial, de modo que todos desfrutem de uma atmosfera de hospitalidade. Convide uma boa mistura de gente, pois isso permitirá que seus atuais clientes ofereçam "prova social" de alguém que já adquiriu seus produtos ou serviços.

Talvez o maior problema seja o investimento mínimo necessário para que o esquema valha a pena. Para tornar o evento atraente o bastante para que as pessoas compareçam, precisa envolver algum acontecimento esportivo ou um jantar de alto nível, e, para valer seu tempo, é preciso um número razoável de convidados. De todo modo, desde que seus clientes sejam valorosos, o evento oferecerá ótima relação custo-benefício, pois é uma oportunidade de passar tempo de qualidade com clientes importantes e potenciais clientes.

Telemarketing e mala direta

Por fim, trago dois métodos de marketing fora de moda: telemarketing e mala direta — e não acredito que preciso apresentá-los, pois todos nós já recebemos telefonemas e folhetos do tipo. As pessoas odeiam receber chamadas telefônicas não solicitadas, ou "lixo postal" em sua caixa de correio, portanto, esses são métodos que, sem dúvida, estão em declínio.

No entanto, aconselho que não elimine nenhum método de marketing só porque parece ultrapassado ou porque você não gosta de recebê-lo. Em meu próprio negócio, uma campanha de mala direta foi a que obteve o maior sucesso em uma década; ela gerou milhões de libras em receitas, simplesmente porque foi realizada em 2008, época em que todos os outros negócios estavam cortando gastos com correio e se concentrando em fazer seu marketing por e-mail. O fato de enviarmos correspondência física chamou a atenção de nossos potenciais clientes, em um momento em que suas caixas de entrada estavam transbordando com e-mails de spam.

Um momento para refletir

Cobrimos uma ampla gama de atividades, mas abordamos apenas a superfície de cada tipo de marketing. Nessa fase, o principal é ter em mente que existem inúmeras maneiras de divulgar seu negócio e que não há uma "fórmula única". Pense sobre os tipos de marketing que você acha que funcionariam para seu negócio e que merecem mais consideração e investigação.

Fazendo um plano de marketing

Agora que consideramos as diferentes táticas que você pode aplicar para divulgar um negócio, é realmente importante que vejamos como a organização e a gestão podem ser colocadas em prática. Afinal, a maneira mais fácil de desperdiçar um orçamento de marketing é tentar diferentes táticas de forma dispersa, não monitorar os resultados e, por fim, não ter nenhuma ideia do retorno sobre o investimento.

Um plano de marketing não precisa ser excessivamente complicado, e não há formatos definidos para estruturá-lo. Eu pessoalmente prefiro dividi-los por mês, para que possam abranger promoções sazonais e para incluir os detalhes delineados na Tabela 8.1.

São detalhes bastante simples de serem compilados e podem ser incluídos em um plano maior — talvez em uma planilha do Excel, com cada atividade em uma nova linha e cada cabeçalho (Nome da atividade, Tema etc.) em uma coluna separada.

Este exemplo foi projetado para demonstrar o poder de rastreamento por meio do uso de vouchers. Muitos negócios distribuirão panfletos sem um CTA (*Call to Action* [chamada para ação]) e sem recursos pensados para um acompanhamento posterior; assim, nunca vão saber de fato se a campanha foi bem-sucedida ou não.

Tabela 8.1 Exemplo detalhado de um plano de marketing*

Nome da atividade	Folhetos da campanha de "Ano Novo" distribuídos em janeiro com voucher promocional
Tema/campanha	Campanha "Ano Novo, Novo você"
Gastos orçamentados	500 libras
Atividade orçamentada	10.000 folhetos distribuídos
Gastos reais	80 libras em impressão, 50 libras em design, 350 libras em distribuição (total de 480 libras)
Atividade real	10.000 distribuídos
Resultados	50 vouchers resgatados
Retorno sobre investimento	520 libras (50 vouchers resgatados em compras com lucros de 20 libras após desconto dos clientes, menos 480 libras do custo de promoção)

* Os valores utilizados pelo autor são estimados em libras, a título de exemplificação. [N.E.]

Outro ponto a ser considerado é o custo oculto de muitas atividades de marketing. Veja no exemplo da tabela que, embora os folhetos tenham custado apenas 80 libras para serem impressos, houve um custo significativo de distribuição, e também um custo de projeto para criar os folhetos. Um erro comum em muitos planos de marketing é esquecer todos os custos e ações necessárias para completar uma campanha (por exemplo, incluir o custo principal de alugar um estande em uma exposição, mas não considerar o custo de transporte, da diária das equipes de promoção, da eletricidade, do material promocional e do acesso à internet).

Um exercício útil é verificar novamente o total dos "gastos reais" em seu plano em relação ao custo total dos gastos com marketing em seus registros financeiros, para garantir que cada centavo esteja registrado. Caso contrário, é provável que o retorno sobre investimento seja impreciso.

Um momento para refletir

Um plano de marketing só é útil se estiver relacionado com suas metas de negócio e se for realmente aplicado. Ao preparar seu plano de marketing, certifique-se de vincular os resultados esperados e o custo das atividades de marketing aos orçamentos e projeções calculados durante o processo de planejamento do negócio. Ao verificar que os números batem, coloque-o em prática! Um plano de marketing cheio de ideias, mas sem ação, não vale o papel em que está escrito.

Resumo do Capítulo 8

Neste capítulo, projetamos o conceito de cliente ideal. Consideramos uma variedade de táticas de marketing e analisamos como um plano de marketing pode ser elaborado.

Antes de prosseguir, reflita sobre todas as questões apresentadas ao longo do capítulo e responda as seguintes perguntas:

- Quando se comprometerá a pensar no seu tipo de cliente ideal? Revise essa seção do capítulo e anote as perguntas apropriadas.

- Quais são as táticas de marketing que podem ser adequadas para o seu negócio? Defina uma data para pesquisá-las com mais detalhes, para que possa usá-las de forma inteligente. Anote também como pretende acompanhar os resultados de cada atividade (quais são os principais indicadores de desempenho de cada tarefa?).

- Quando se comprometerá a preparar um rascunho de um plano de marketing para seu negócio?

09

Em direção a um panorama mais amplo

Escalabilidade de seu negócio

Neste capítulo você vai:

- descobrir modelos de escalabilidade;
- aprender sobre os princípios básicos de atendimento ao cliente e de ajuste às necessidades do cliente;
- descobrir os fundamentos de recrutamento de equipe;
- descobrir os fundamentos de gestão financeira.

No último capítulo, analisamos como encontrar clientes, delineando o cliente ideal e criando um plano de marketing. Isso é ótimo, mas para ter um negócio de sucesso é preciso considerar como *manter* os clientes.

Você pode estar pensando: "Então é só isso?" Comandar um novo negócio não é fácil, e, enquanto conquista novos clientes e implanta sistemas, você precisa ter uma visão mais ampla de como administrar e conduzir seu negócio para escalá-lo de forma eficaz.

"Escalar" pode parecer uma palavra assustadora, afinal de contas, é um jargão da área de gestão, mas, mesmo que sua maior ambição seja ter um negócio para trabalhar apenas cinco dias por semana, você precisará assumir o papel de dono e construí-lo de tal forma que essa liberdade seja possível. Seja para administrar uma equipe de 5 pessoas, ou uma de 500 pessoas, os princípios-chave são os mesmos.

Como escalar um negócio?

Em essência, escalar um negócio é simples. Há quatro áreas para as quais você precisa ter um plano, todas interagindo umas com as outras e com a visão central do negócio (ver Figura 9.1). Nós vamos analisá-las de forma breve, mas não se preocupe se as descrições incluírem frases que você não tenha ouvido antes. Tudo será mais bem explicado na quarta parte do livro, essa é apenas uma apresentação do cenário.

Figura 9.1 A visão e as quatro áreas a serem planejadas

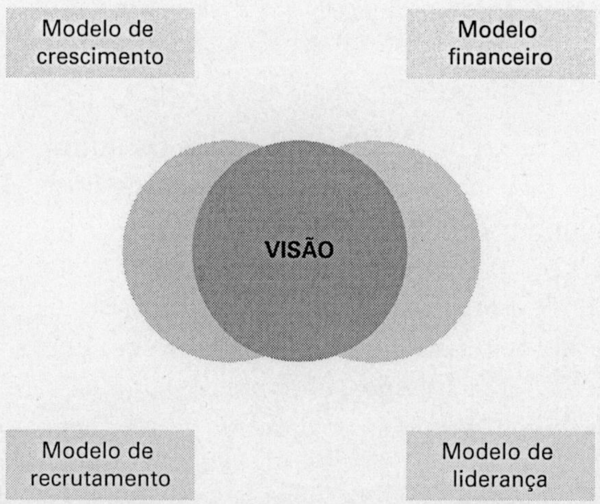

Visão

Ela deve ser a parte central de seu plano de escalabilidade. Sem uma visão clara, será muito difícil implementar qualquer um dos planos envolvendo as próximas quatro áreas. É basicamente por causa da visão que você embarca em qualquer plano para escalar o negócio. Ela deve estar ligada a seus objetivos pessoais e definir o panorama geral para que as outras áreas se encaixem.

Modelo de crescimento

É o modo como você quer expandir o negócio. Pode ser através de aquisição, crescimento orgânico, franquia ou uma série de outras formas. É o que estabelecerá sua rota e a forma como vai conquistar sua fatia de mercado.

Modelo financeiro

Estabelece como o próprio negócio pode financiar seu crescimento. O modelo pode incluir financiamento por dívida, capital privado, capital de risco, ou mesmo autofinanciamento se o negócio estiver gerando dinheiro suficiente.

Modelo de recrutamento

Define como o negócio contrata e treina pessoas para que elas se desenvolvam até que se forme uma equipe de gestão. Envolve coisas como organograma, políticas de recrutamento e atribuição de funções e responsabilidades.

Modelo de liderança

A parte final do quebra-cabeças é o modelo de liderança, que eleva o negócio de uma organização dirigida pelo fundador a um negócio que funciona sem ele. Define como a equipe e a cultura devem estar alinhadas para que todos lutem pela mesma causa e como o negócio pode, em última instância, tornar-se um ativo separado e vendável para seus acionistas ou proprietários.

Um momento para refletir

O modelo apresentado é bem genérico e pode ser aplicado a qualquer cenário de escalabilidade. Ele o ajudará a desenvolver o negócio no futuro, mas não necessariamente a remendar quaisquer problemas fundamentais dentro de um negócio. Se houver inconsistência em certas áreas, isso precisará ser resolvido antes que qualquer medida formal seja tomada para promover a escalabilidade. Afinal, você não continuaria enchendo um balde furado!

Abordaremos o modelo de escalabilidade nos próximos capítulos; há uma série de aspectos que precisam ser considerados antes de seguirmos em frente.

Os clientes são adequados para o negócio?

Nem toda receita que entra é boa. Às vezes, e em especial no início de um negócio, somos tentados a aceitar clientes de todos os tipos, desde que tenham dinheiro e disposição para gastá-lo. Embora essa abordagem possa ajudar a pagar as contas no começo, pode não ser necessariamente a melhor ideia continuar trabalhando com qualquer pessoa.

Consideramos a ideia de cliente ideal no último capítulo. Depois de obter os primeiros clientes, vale a pena testar essa ideia com algumas novas perguntas, com base na realidade que se apresenta:

- O cliente é **fiel**? É provável que retorne, ou é transitório?
- O cliente é **lucrativo**? Realmente ganhamos dinheiro ao atendê-lo?
- O cliente é **agradável**? Gostamos de trabalhar com ele, ou cada conversa é motivo para ansiedade?
- O cliente é **honesto**? Seus valores estão de acordo com os nossos?

Pode parecer precipitado dispensar clientes no início de um negócio, mas precisamos estar conscientes de que os maus clientes só tendem a piorar. Além disso, como dono de um negócio, você pode se beneficiar diretamente em aceitar clientes desagradáveis, mas lucrativos; entretanto, seus futuros funcionários podem ter uma perspectiva muito diferente!

Como mantemos os bons clientes?

Uma vez confirmado que nossos clientes são de fato o tipo com o qual gostaríamos de continuar a trabalhar, precisamos então pensar em como mantê-los. Fundamentalmente, podemos fazer isso de duas maneiras: assegurando que estejam felizes e encontrando maneiras de suscitar lealdade.

No Capítulo 7, expliquei que não tenho um *sistema* de atendimento ao cliente, pois sinto que é parte de todos os processos da empresa. Mesmo que você tenha decidido ter um sistema separado de atendimento ao cliente, alguns dos comentários a seguir serão úteis, independentemente de como forem aplicados dentro de sua organização.

Criar uma cultura de atendimento ao cliente dentro de um negócio e integrá-la a todas as partes interessadas, aos valores e à visão do negócio é a maneira mais fácil de garantir que o atendimento ao cliente esteja no centro de tudo que faz e como faz. Se for feito de forma correta desde o primeiro dia, você garante que o legado seja continuado por seus funcionários à medida que o negócio cresce.

Alguns de vocês devem ter ouvido falar do lendário "manual" da Nordstrom, que, ao que parece, consistia em uma regra: *Use seu melhor julgamento em todas as situações. Não há regras adicionais.* Infelizmente, isso é um mito — os advogados e o departamento pessoal tinham um manual de 7.000 palavras —, mas os princípios dessa regra podem servir a qualquer negócio que procura assegurar que o atendimento ao cliente esteja no centro. Ao treinar equipes que estão focadas na mesma direção e comprometidas com a organização, você pode ter certeza de que elas tomarão a decisão certa. Isso pode se provar bem lá na frente, no futuro, mas, acredite, a equipe absorverá e aprenderá a cultura com você. O modo como o atendimento ao cliente deve ser conduzido vem de quem está na liderança!

A maneira como fazemos as coisas mudou junto com o mundo em geral. Às vezes, há um desalinhamento entre o que se pensa que o cliente vai achar aceitável e o que ele realmente espera, já que as expectativas agora estão moldadas por novidades como as gigantes da tecnologia. Um exemplo deste desalinhamento está em uma imagem que viralizou nas redes sociais, citando algo semelhante ao seguinte:

> *Oferecemos três tipos de serviços*
> *BOM - BARATO - RÁPIDO*
> *Mas você só pode escolher dois:*
> *Bom e barato não será rápido.*
> *Rápido e bom não será barato.*
> *Barato e rápido não será bom.*

Embora isso possa ter sido verdade no passado, precisamos ter em mente que agora somos avaliados em contraste com empresas como o Google e a Amazon, e não com empresas similares às nossas. Acho que posso dizer com segurança, em nome de todos os consumidores, que o Google não é apenas bom, barato e rápido: é excelente, gratuito e imediato! Com base nisso, lembremos que o que funcionava há uma ou duas décadas pode não ter efeito no mercado atualmente, e a beleza do atendimento ao cliente está nos olhos de quem o vê. Ao criarmos consciência do que é central hoje em dia — sendo o imediatismo de resposta e a rapidez de envio os dois fatores mais notáveis —, podemos moldar nossas propostas de atendimento ao cliente em torno do que se espera de nós.

A maneira óbvia de verificar se seu serviço de atendimento ao cliente está acertando é simplesmente perguntar. Pesquisas com clientes podem assumir muitas formas; no entanto, acredito que deve haver o mínimo de atrito no processo. Em outras palavras, você precisa facilitar ao máximo e oferecer alguma forma de incentivo para a conclusão. Pessoalmente, prefiro pesquisas por e-mail ou mensagens de texto (em vez de pesquisas presenciais ou por correio), com o menor número possível de perguntas. Podem ser perguntas de "sim" ou "não", ou baseadas em um sistema de pontuação, como o sistema NPS.

Há algumas maneiras menos óbvias de acompanhar a satisfação dos clientes. Monitorar métricas como o gasto médio do cliente (quanto os clientes regulares gastam?), taxa de rotatividade (que porcentagem de clientes você perde?) e taxas de indicação de clientes (quantos novos clientes vêm por recomendação de outros?) ajudam a guiá-lo quanto a níveis gerais de satisfação. As métricas mais úteis serão diferentes para cada negócio, e, sem uma forma de rastrear essas informações, tais como esquemas de fidelidade ou descontos por indicação de clientes, é difícil monitorar os índices.

O que acontece se tudo der errado?

Para muitos negócios, uma má experiência de atendimento ao cliente é inevitável. Apesar de nossos melhores esforços, haverá vezes em que simplesmente não vamos atender às expectativas do cliente. Pode ser que eles tenham ouvido muitas promessas que não foram cumpridas durante o processo de venda, ou talvez tiveram uma ideia irrealista do que estavam comprando. A culpa pode até ser de algo totalmente fora do controle, como o clima ou mudanças externas. Apesar disso, quando der errado, é vital que, como dono do negócio, você faça a coisa certa.

Você já deve ter ouvido falar do ditado "o cliente tem sempre razão". Embora a intenção por trás seja boa, hoje em dia, infelizmente é utilizado por alguns como alavanca na era das redes sociais. Antes do advento da internet e dos fóruns de bate-papo, das redes sociais e dos sites de avaliação, uma má experiência só poderia ser compartilhada entre os amigos e contatos de quem reclamava. Agora, uma avaliação de uma estrela pode ser vista por milhares de pessoas.

Como dono de negócio, isso parecerá injusto, e é. Algumas pessoas sabem que podem ameaçar com críticas ruins para obter um desconto e que, caso cumpram a ameaça, causariam um impacto tangível em seu negócio. Apesar disso, é importante permanecer pragmático e realista quando um cliente reclama.

A primeira coisa que você precisa fazer nessas circunstâncias é avaliar honestamente a situação e tentar levar a conversa para fora dos canais online, de forma profissional e rápida. Se você, como dono do negócio, estiver errado, tente dialogar com o cliente para encontrar uma solução — e, em seguida, atualize seus processos para garantir que isso não aconteça de novo. Muitas vezes, a maioria dos que reclamam quer apenas garantir que ninguém mais enfrente os mesmos problemas. Se for uma reclamação falsa, você tem algumas opções:

- **Deixe a avaliação** no site sem resposta: se uma avaliação negativa for injusta, mas não particularmente depreciativa, você precisa decidir se é capaz de responder de forma apropriada e profissional, sem soar maldoso. É um equilíbrio difícil, e às vezes vale a pena deixar como está, em especial se quem escreveu se expressou mal.
- **Responder com cortesia:** às vezes, vale a pena responder, seja para esclarecer os fatos, seja para resolver falsas avaliações negativas. Não é algo inédito os concorrentes postarem avaliações falsas sobre seu produto ou serviço, e responder para mostrar que você não deixa passar nada pode ser apropriado. Independentemente do conteúdo da reclamação, não faz muito sentido retaliar por causa das minúcias de uma reclamação, pois isso não será bom para sua reputação.
- **Denunciar a reclamação**: se for abusiva, caluniosa ou constituir um ataque cibernético, considere denunciar a reclamação ao provedor do site.

Seja qual for a rota que você decidir tomar, certifique-se de esfriar a cabeça e refletir primeiro! A vontade de responder à altura tende a relaxar após uma noite de sono, e ser profissional é a única linha de ação que pode beneficiar seu negócio.

Encontrando o primeiro membro da sua equipe

Se tudo correr bem, você encontrará novos clientes, os fidelizará e, muito em breve, precisará de mãos extras!

Erros comuns

Cobriremos os processos de recrutamento de equipe com mais detalhes no Capítulo 13, mas, por enquanto, eu gostaria de compartilhar alguns dos erros comuns que vejo os donos de negócios cometerem:

Erro nº 1: contratar habilidades em vez de atitude

Sem dúvida, esse é o erro de principiante que todos os donos de negócios cometem em algum momento. Eles ficam impressionados por um currículo incrível, com muita experiência e qualificações relevantes para o mercado. O único problema é que há uma razão para aquela pessoa ter pulado de emprego em emprego. Como regra geral, habilidades podem ser ensinadas, mas atitude não, e o resultado nessas situações é que um funcionário contratado por suas habilidades é demitido por sua atitude. Um erro que custa caro para ambos os lados. Em vez de insistir em um certo conjunto de habilidades mínimas, certifique-se de estar satisfeito com a forma como a pessoa fará o trabalho e com o motivo pelo qual ela vai trabalhar para você todos os dias.

Erro nº 2: estabelecer padrões arbitrários

Apesar das legislações e dos esforços destinados a acabar com a discriminação e a ampliar ao máximo a diversidade do banco de talentos, alguns empregadores tendem a se voltar para "pessoas como eles" — seja em termos de raça, gênero, classe social, idade, ou qualquer outro fator. Essa, em geral, não é uma decisão consciente, e sim o resultado de não tentar prevenir tal mentalidade de forma proativa. Amplie sua busca tanto quanto possível. Pense se você realmente precisa de tantas exigências de experiências e histórico educacional. Isso não só o mantém no lado certo da legislação que favorece a igualdade, mas também beneficia de verdade sua empresa, permitindo-lhe ter diversidade de pensamentos e ideias, bem como evitando que membros talentosos e potenciais da equipe não escapem à toa.

Erro nº 3: se apressar para contratar, demorar para dispensar

O último erro que vejo o tempo todo são as contratações apressadas. Não é fácil abrir mão de um funcionário, e, dependendo de onde estiver, há certos passos que você é legalmente obrigado a seguir, sem mencionar que não é uma coisa agradável de se fazer. Uma contratação rápida pode ser resultado de uma falha de planejamento para o momento em que o primeiro funcionário de uma competência se faz necessário, e quando há muito trabalho e poucas pessoas, as empresas podem ser facilmente tentadas a escolher o primeiro candidato, adequado ou não. Em vez disso, planeje de maneira adequada e certifique-se de que esteja realmente satisfeito com qualquer novo candidato antes de admiti-lo. Ao fazer a escolha certa na fase de recrutamento, você economizará muitas dores de cabeça mais à frente.

Malabarismo com as finanças

Não vale a pena contratar uma equipe se você não tem condições de pagá-la! Pior ainda, seu negócio não obterá sucesso se o fluxo de caixa não for bem administrado. Tenho certeza de que todos vocês já ouviram o ditado: *O faturamento é vaidade, o lucro é sanidade e o caixa é rei*. Ao administrar um negócio em expansão, é fácil ficar deslumbrado por grandes números de vendas; no entanto, há muito mais aspectos implicados em garantir o sucesso de um negócio do ponto de vista financeiro.

O básico sobre finanças

No Capítulo 5, abordamos de forma superficial alguns dos relatórios necessários para um plano de negócios bem-sucedido. Vamos revisitá-los agora, com ênfase em como se relacionam com a gestão financeira de seu negócio. Esta seção também atuará como um guia inicial antes do Capítulo 12, no qual nos concentraremos na projeção de sua plataforma de financiamento para o futuro.

Nota importante: estes modelos serão diferentes de região para região.

Demonstração de lucros e perdas

É simplesmente um resumo do que você ganhou *versus* gastou. Não inclui todas as transações em dinheiro, mas inclui alguns itens em que o dinheiro não está diretamente envolvido (como a depreciação de ativos ao longo do tempo) e transações na data em que aconteceram, não na data em que o dinheiro entrou ou saiu do caixa. Um exemplo de demonstração de lucros e perdas está na Tabela 9.1, que traz uma declaração básica, apenas para dar uma ideia de como a coisa deve ser. Não inclui itens regionais específicos, nem muitos ajustes contábeis; é simplesmente um exemplo básico de como uma empresa pode relatar seus lucros durante um período de tempo.

A demonstração de lucros e perdas fornece uma série de estatísticas-chave que você deve manter sob controle. Neste exemplo, o lucro bruto e o lucro líquido são dois números-chave. Em vez de rastrear apenas o valor total deles, os donos de negócios podem rastrear as porcentagens (também conhecidas como margens):

$$\text{Margem de lucro bruto: } \frac{\text{Lucro bruto x 100 = (\%)}}{\text{Faturamento}}$$

$$\text{Margem de lucro líquido: } \frac{\text{Lucro líquido x 100 = (\%)}}{\text{Faturamento}}$$

Tabela 9.1. Demonstração de lucros e perdas

	£/$/€	£/$/€
Faturamento *O total das vendas realizadas, excluindo o imposto sobre vendas*		**100,000**
Menos: custo das vendas *Custos alocados diretamente às vendas, tais como compra de produtos. Esse cálculo também levará em conta o movimento do estoque e/ou o valor do trabalho em andamento no período, incluindo o estoque existente no início do período e deduzindo o estoque no final.*		
Estoque inicial	2.000	
Compras de produtos durante o ano	30.000	
Menos: estoque final	–7.000	
		–25.000
Lucro bruto *Faturamento menos o custo de vendas*		**75.000**
Menos: despesas extras *Custos não diretamente relacionados com as vendas. Podem incluir itens como aluguel, tarifas comerciais, marketing, pessoal administrativo etc.*		
Aluguel	6.000	
Tarifas comerciais	3.000	

Salários da equipe	20.000	
Custos de marketing	5.000	
Reparações e renovações	500	
Despesas diversas	500	
		–35.000
Lucro líquido		**40.000**

Nesse exemplo, a margem de lucro bruto seria de 75% e a margem de lucro líquido seria de 40%. A compreensão dessas porcentagens é muito importante à medida que o negócio cresce, pois você poderá verificar se o negócio continua a operar no mesmo nível de lucratividade.

Um momento para refletir

Embora os números em si sejam importantes, também é vital rastrear as proporções corretas em seu negócio. Se fôssemos olhar para o segundo ano de atividade, e imaginar que ele vendeu 500 mil libras, mas seu lucro bruto é de apenas 100 mil libras, isso seria um grande sinal de alerta. Claro, o valor monetário do lucro bruto seria 25 mil libras maior, porém a realidade é que a margem passaria de 75% em cada venda para 20%. Isso indicaria descontos extremos, uma mudança brusca na lucratividade do mercado, ou uma gestão muito ruim. De qualquer forma, o negócio estaria bem mais frágil e suscetível a problemas.

As duas margens não são os únicos fatores que um negócio deve rastrear. Cada um terá suas próprias métricas para monitorar — nesse exemplo, o estoque seria provavelmente uma área de preocupação. O equilíbrio que o dono do negócio precisa encontrar é entre monitorar os números-chave e não ser consumido pelos detalhes.

O balanço patrimonial

O balanço é efetivamente um registro do valor patrimonial de uma empresa a qualquer momento: ele resume as posses *versus* as dívidas. Ele incluirá todos os **ativos imobilizados,** itens em posse da empresa há mais de um ano, e os **ativos circulantes**, bens que se movimentam rapidamente, tais como dinheiro no banco, o valor de seu estoque e o valor devido aos credores. Após a dedução dos passivos, restará o patrimônio líquido do negócio. A Tabela 9.2 mostra um exemplo básico de balanço.

Alguns dos principais fatores a que os donos de negócios devem estar atentos são:

- **Liquidez:** existem ativos líquidos suficientes, como dinheiro, para pagar qualquer dívida imediata?
- **Perdas por desvalorização:** estamos incluindo ativos como estoque desatualizado e, portanto, sem valor?
- **Passivos ocultos:** existem dívidas que, por alguma razão, não aparecem nos relatórios financeiros?
- **Saldo em dinheiro:** há dinheiro suficiente, ou capital de giro ou a descoberto disponível, para continuar as atividades sem interrupções?

Um momento para refletir

Talvez você não tenha formação para agir como um contador, mas dominar essas noções básicas realmente o ajudará a expandir um negócio. Depois de ler os exemplos mencionados, eu o encorajo a analisar os modelos com mais cuidado para se familiarizar mais com a terminologia utilizada. É provável que seus banqueiros, contadores e investidores esperem que você seja capaz de entender esses termos, os relatórios e como eles se aplicam ao seu negócio.

Tabela 9.2. Balanço patrimonial

	£/$/€	£/$/€
Ativos imobilizados *O valor dos bens que são mantidos pela empresa por um longo tempo. Deve incluir coisas como computadores, máquinas, propriedades e veículos motorizados. Normalmente, sobre esses ativos incide "depreciação" ou "amortização" que refletem seu custo ao longo do tempo.*		
Veículos motorizados	20.000	
Dispositivos e acessórios	10.000	
		30.000
Ativos circulantes *Faturamento menos o custo de vendas*		
Menos: despesas extras *São bens, mas não se encaixam em ativos de longo prazo, tais como dinheiro no banco e o valor dos devedores. Pode também incluir o valor de qualquer estoque mantido, ou trabalho em andamento concluído no momento da preparação.*		
Dinheiro no banco	10.000	
Estoque	7.000	
		17.000
Ativos totais		**47.000**

Passivos circulantes *Inclui qualquer dívida reembolsável imediatamente, ou dentro de um ano. Você também verá o elemento de curto prazo de qualquer dívida de longo prazo, por exemplo, empréstimos bancários, nesta seção.*		
Credores comerciais	5.000	
Conta de empréstimo dos diretores	1.000	
		–6.000
Total dos ativos menos passivos circulantes		**41.000**
Passivos a longo prazo *Neste exemplo, não há passivos a longo prazo, mas é aqui que você veria coisas como empréstimos bancários, contratos de compra e outras formas de dívida estruturada.*		**0**
Ativos líquidos *Ativos totais, menos passivos totais. Em outras palavras, o valor do "ativo" que é o negócio (tipicamente menos do que um comprador pagaria por um negócio, pois não contabiliza o valor da negociação)*		**41.000**
Financiados *Financiamentos do negócio*		
Demonstração de lucros e perdas	40.000	
Capital social	1.000	
		41.000

Outros relatórios

A demonstração de lucros e perdas e o balanço patrimonial são frequentemente citados como dois relatórios financeiros importantes, e são muitas vezes os principais relatórios exigidos por lei. No entanto, existem outros que podem ajudá-lo a administrar seu negócio na prática.

Previsões de fluxo de caixa

Embora pareçam complexas, podem ser simplesmente uma anotação de quanto dinheiro você tem no banco e que contas tem que pagar. Seria uma previsão de fluxo de caixa muito simples, mas, surpreendentemente, vejo alguns negócios que não sabem sequer essas informações básicas! Alguns não esquentam a cabeça por causa dos detalhes em seus relatórios financeiros. Em última análise, isso se resume a falta de dinheiro para pagar dívidas e custos. Ao ter um relatório que pode mantê-lo em dia em relação ao seu caixa, você estará bem-posicionado para evitar quaisquer percalços na estrada.

Relatórios de comparação de períodos

Os relatórios padrão, como descritos antes, são úteis como parte de um panorama mais amplo, embora sejam confusos de forma isolada. Ao monitorar as receitas e as despesas mensais, em relação ao mesmo mês do ano anterior, você vai conseguir identificar tendências e tomar conhecimento do desempenho.

Orçamento *versus* relatórios reais

Esse relatório ajudará a complementar as informações que estão incluídas nos relatórios retrospectivos. Comparando o desempenho comercial com o que havia sido planejado, você verá se está no caminho certo para atingir suas metas estabelecidas e ajustá-las, se necessário.

Um momento para refletir

Pense na maneira como prefere digerir essas informações. Nem todos estão inclinados a ler página após página de números. Será que gráficos, ou talvez um sistema de "semáforo", com as cores vermelho, amarelo e verde, ajudariam a concentrar sua atenção nas estatísticas importantes? Converse com seu especialista financeiro para ver como seus relatórios de gestão podem ser adaptados.

Resumo do Capítulo 9

Neste capítulo, fizemos uma visita guiada pelos itens básicos necessários para escalar um negócio, observando os alicerces que você precisará criar. Analisamos a contratação de membros da equipe e um pouco do jargão financeiro que você precisará entender. Também abordamos atendimento ao cliente e meu modelo de escalabilidade.

Antes de prosseguir, reflita sobre todas as questões apresentadas ao longo do capítulo e responda as seguintes perguntas:

- Que partes deste capítulo pareceram assustadoras? O que falamos aqui talvez pareça distante, mas pode voltar para te assombrar muito em breve. Também cobrimos muito terreno, sendo cada um dos tópicos digno de um livro em si. Tome nota de qualquer tópico em que gostaria de se aprofundar um pouco mais e crie uma lista de futura aprendizagem.

Parte quatro
Escale

10

Uma introdução à escalabilidade

Neste capítulo você vai:

- compreender a importância de uma visão forte e convincente;
- entender como a visão deve ser articulada e comunicada;
- aprender como a visão pode ser atrelada a cada parte de seu negócio;
- compreender a importância de revisão e melhoria contínuas.

Muito bem! Se seguiu as etapas do livro até agora, você tem as bases para um negócio de sucesso — um que, espera-se, permita-lhe abandonar o trabalho atual e concentrar-se no negócio em tempo integral. Você pode até chegar ao ponto de contratar mais membros para a equipe, ou considerar outras oportunidades para encaminhar sua empresa.

Este é um ótimo lugar para se estar, e é aonde chegam a maioria das empresas de sucesso. Com o crescimento do trabalho informal e do freelance, boa parte dos negócios é composto por um proprietário e possivelmente um assistente. Essa pode não ser sua meta.

Muitas pessoas querem que seu negócio trabalhe para eles, ao invés de trabalharem para o negócio. Em vez de ter que trabalhar com renda e horário incertos, elas querem um negócio que ofereça o luxo de sair de férias, tirar um tempo para si, e que cresça sem seu esforço. Isso só é possível se você transformar seu trabalho como autônomo em um negócio escalável.

O que torna um negócio escalável?

No último capítulo, analisamos as partes fundamentais que uma empresa precisa ter para ser escalável — a visão, o modelo de crescimento, o modelo financeiro, o modelo de recrutamento e o modelo de liderança (ver Figura 10.1).

Cobriremos tudo isso nesta parte do livro, e comentarei as características de um negócio escalável: os aspectos que o mundo exterior vê, além dos modelos conscientes que um dono de negócio coloca em prática.

Não depender do dono

Essa é talvez a maior indicação de um negócio que se tornou escalável. Em vez de o dono do negócio fazer todo o trabalho, desde a limpeza pela manhã até o fechamento à noite, o negócio trabalha por si só. A equipe é livre para dirigi-lo de acordo com o que aprendeu e tem autoridade para tomar decisões como se o negócio fosse seu, alinhadas às diretrizes estabelecidas.

Figura 10.1. A visão e as quatro áreas a serem planejadas com base nela

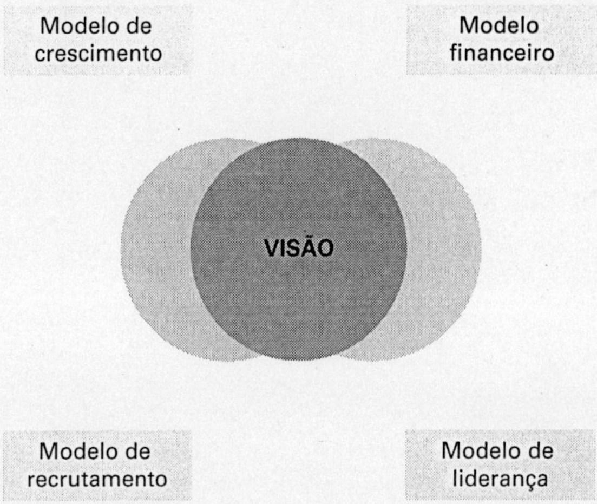

Ausência de gargalos

Outra característica chave de um negócio escalável é que não há gargalos. Os pequenos negócios tendem a contar inicialmente com o proprietário e, posteriormente, com os principais membros da equipe. À medida que esses membros ficam sobrecarregados, o trabalho se acumula. As ligações ficam sem resposta e os clientes, decepcionados. Um negócio escalável normalmente identifica esses gargalos antecipadamente e procura reduzir sua ocorrência de forma proativa.

Sistemas que funcionam

Em vez de a equipe ter que calcular o que fazer em cada situação que encontra, a empresa já planejou os próximos passos. Os processos e procedimentos internos são tão estanques quanto possível, e também são capazes de lidar com um aumento considerável nas atividades da empresa.

Passada maior do que a perna

Os negócios escaláveis tendem a agir como se estivessem onde querem estar. Em vez de usar a versão gratuita de softwares fundamentais, eles investem na solução certa. As descrições de cargos, papéis e responsabilidades e outros documentos estão em vigor e são utilizados, em vez de depender dos indivíduos conhecidos. O negócio é administrado como deve ser, em qualquer circunstância.

Cultura de crescimento

Em vez de se contentarem com sua situação, os funcionários se animam com as oportunidades que surgem para o negócio. Eles sabem que fazem parte de algo maior e são gratos pela oportunidade de estar a bordo. O crescimento do negócio coincide com seu crescimento pessoal, e todos na equipe estão alinhados e navegando na mesma direção.

Para um negócio que está apenas começando, muito do que foi dito pode parecer um sonho impossível. Afinal de contas, há preocupações mais urgentes nesta fase: conseguir clientes, servi-los e pagar as contas são o único foco de um negócio nos estágios iniciais. Porém, uma vez que o negócio esteja estável, a escolha de onde ir a seguir vem à tona.

Mas você deve escalar seu negócio?

Antes de qualquer dono de negócio mergulhar nos detalhes essenciais de escalabilidade, é sábio dar um passo para trás e pensar bem. Você deve se lembrar que falamos no início do livro dos quatro passos-chave para qualquer negócio:

Quando se trata de administrar um negócio, esses passos devem ser seguidos como um ciclo: não é suficiente fazê-los uma vez e esquecê-los. Os negócios crescem e se desenvolvem com o tempo, assim como o sonho, o plano, as ações e a gestão do processo. Preparar a visão para a escalabilidade é efetivamente revisitar o sonho, desta vez com alguma bagagem e experiência adquirida ao longo do caminho!

Uma das coisas que sempre me faz sorrir quando falo com os novos donos de negócios é a confiança e o brilho no olhar dessas pessoas ao descrever suas novas ideias. As projeções de venda são geralmente muito mais altas do que deveriam ser, há uma certeza de que o mercado naturalmente acolherá o novo negócio de braços abertos e fé de que o vento sempre soprará a favor.

Quando chegar ao ponto de escalar o negócio, um empresário terá passado por boas batalhas. É provável que ele tenha ouvido muitos "nãos", tenha se decepcionado com os fornecedores e tenha passado por momentos em que simplesmente havia "mais mês do que dinheiro". Embora essas experiências sejam dolorosas no momento, elas ajudam a moldar as ideias necessárias para decidir se a escalabilidade é o caminho correto tanto para o negócio quanto para o empresário.

Um momento para refletir

Pense em outras áreas de sua vida que foram moldadas por experiências anteriores. Isso pode ser mais evidente na forma como você aborda relações românticas, decisões de compra ou questões de saúde. É provável que algumas experiências negativas em sua vida o tenham ajudado a tornar-se mais consciente do que quer e, mais importante ainda, do que não quer. Ao estabelecer uma visão para escalar o negócio, é fundamental que esteja com olhos bem abertos — em particular, com plena consciência do que você não quer da expansão. Será que mais do mesmo parece atraente?

Se passou algum tempo pensando sobre isso, percebeu que há uma série de riscos pessoais quando o assunto é tornar um negócio escalável. Não é simplesmente o caso de encontrar mais clientes e vender mais; você precisa transformar seu negócio para que ele tenha as características que descrevemos anteriormente, bem como os fundamentos do modelo de escalabilidade abordados. Isso terá impacto em sua vida pessoal, no equilíbrio entre o profissional e o privado, em sua saúde e em seus relacionamentos.

Além disso, você descobrirá que sua vida profissional vai mudar drasticamente. Em vez de ficar só nos afazeres básicos, você passará pelo processo de se tornar um gestor e, em seguida, um líder. Imagine que você é um mecânico de automóveis porque adora mexer com carros. Conforme o negócio se torna escalável, seu papel será o de gerenciar uma equipe de mecânicos, administradores e representantes de serviços, além de cumprir a função de um executivo de nível de diretoria, liderando todos em direção à sua visão.

Por fim, é preciso lembrar que você pode não ser o chefe e, dependendo do tipo de financiamento obtido, talvez sequer esteja presente durante a jornada de escalabilidade! Uma pesquisa para a Harvard Business Review estudou 212 startups norte-americanas no auge da bolha dotcom e descobriu que 50% dos fundadores não eram mais o CEO após três anos, e menos de 25% lideravam as IPOs de sua empresa.[1] Essas saídas não foram voluntárias, e para cada Mark Zuckerberg (Facebook) e Sara Blakely (Spanx) que conseguiram comandar seus negócios desde a ideia até o domínio do mercado global, há inúmeras vítimas que não sobreviveram à jornada.

Estabelecendo a visão

Esteja planejando tornar seu negócio conhecido no mundo todo ou simplesmente expandi-lo um pouco mais, é importante ter uma visão clara do rumo que quer que seu negócio siga. O desafio que a maioria dos empresários encontra é que suas ambições são acompanhadas por uma visão muito difusa do que o sucesso significa para eles, e, sem conseguir articular claramente a visão para os outros, é improvável que você obtenha financiamento de fontes externas ou adesão da equipe necessária para iniciar a jornada de escalabilidade.

Uma maneira realmente útil de ajudar a elucidar uma visão é se fazer algumas perguntas exploratórias para entender onde se quer chegar:

Que diferença você quer fazer no mundo? Você simplesmente quer vender, ou fazer uma mudança mais profunda? A empresa vai fazer parte de uma missão maior (aliviar a pobreza, cuidar do meio ambiente ou representar certas causas)? Será que a empresa será conhecida como um exemplo de engajamento e de satisfação da própria equipe? Que marca a empresa deixará no mundo?

Qual tamanho você gostaria que o negócio tivesse? Seus objetivos são regionais, nacionais ou internacionais? Você tem um objetivo em mente (rendimentos, número de funcionários, ou o número de unidades vendidas)? Existe uma empresa com a qual você gostaria que a sua fosse comparada?

Qual é sua maior meta como fundador? Você tem em mente "o montante" que o levaria a se afastar do negócio? Você está procurando construir um legado ou uma aposentadoria? Você está tornando o negócio escalável para satisfazer sua própria necessidade pessoal, ou para atender ao potencial do negócio?

O que você quer do negócio à medida que ele cresce? Você quer tirar mais dinheiro do negócio à medida que ele cresce, ou pegar o cheque na saída? Você está procurando trabalhar diretamente na empresa mais tempo, ou dar um passo para trás?

Onde você se vê na organização? Você precisa ocupar a posição mais alta? Você aceitaria a nomeação de um novo CEO enquanto trabalha como parte da equipe? Você ficaria feliz em deixar de lado um papel mais ativo para ser apenas o rosto da organização, enquanto outros a dirigem para você?

Um momento para refletir

Tente passar algum tempo explorando essas questões. Algumas delas são relativamente fáceis de responder, mas outras mergulharão mais profundamente em sua psique e o ajudarão a entender o que o impulsiona como dono de um negócio, membro de uma equipe e empresário. Não há respostas certas ou erradas, desde que sejam verdadeiras! Sua visão tem que ser congruente com o que você quer alcançar no negócio e no mundo. Pouco adianta estabelecer uma visão para acabar com o tráfico de pessoas, por exemplo, se sua única motivação for dinheiro no banco. Não responda da maneira que você sente que a sociedade gostaria que respondesse; certifique-se de que suas respostas se encaixam em quem você é e no que quer. Essa é a única maneira de garantir a resposta certa!

Uma vez respondidas essas perguntas reflexivas, você deve estar um pouco mais próximo de entender aonde quer chegar e o rumo que você quer que seu negócio siga. Algumas de suas respostas podem ter sido bastante vagas, enquanto outras, tenho certeza, foram muito específicas. Agora é hora de começar a esclarecer um pouco mais a visão, para que alguns fatos e números acompanhem os sentimentos. Use algumas das respostas do exercício anterior para ajudar a complementar as que surgirão aqui — por exemplo, se você tem uma ideia da receita que almeja, pode calcular aproximadamente o número de funcionários e a rentabilidade, com base em seu entendimento de como um negócio no setor deve funcionar:

- Qual será a receita anual do negócio?
- Em quais locais o negócio vai operar?
- Qual será o maior mercado geográfico do negócio?
- A quais setores o negócio servirá?
- Qual será o principal produto ou serviço do negócio?
- Quem será o cliente ideal?
- Quantos funcionários terá?
- Por que a equipe optará por trabalhar no negócio?
- Quais serão os valores do negócio?
- O que o negócio fará melhor do que seus concorrentes?
- Por qual razão o negócio ficará conhecido?
- Por que os clientes vão comprar de você?
- Qual será a rentabilidade do negócio?
- O negócio será de sua propriedade ou será dividido entre terceiros e/ou investidores?
- Se houver sociedade, ela continuará ao longo do processo de escalabilidade?
- Seus funcionários atuais serão a equipe do futuro? Se não, por quê?

- Qual é o plano de saída do negócio? Venda comercial? Bolsa de valores? Outros?
- Quanto tempo o negócio funcionará até que seu plano de saída seja executado?
- Se o comparasse a um negócio global fora de seu mercado, qual seria e por quê?
- Se o comparasse a um supermercado, qual você escolheria e por quê?
- Se o comparasse com um carro, qual seria e por quê?

Um momento para refletir

A esta altura, espero que você tenha uma ideia mais clara do objetivo do negócio. Lembre-se que nenhum sonho é definitivo e que eles precisam continuar evoluindo; entretanto, a direção geral não pode mudar muitas vezes, pois perturbaria a equipe, os clientes e os investidores. Se você só correu os olhos pelas perguntas, talvez porque não se sinta pronto para respondê-las, então o encorajo a revisitá-las e a respondê-las assim que possível. A escalabilidade pode não ser adequada para você nesse momento, mas as perguntas ajudarão a mostrar seu negócio de uma maneira diferente, o que poderá capacitá-lo a pensar em outras formas de agir e, em última instância, a estabelecer o caminho para a escalabilidade.

Eu tenho um plano, e agora?

Uma vez que tenha passado pelos exercícios de definição de visão, você terá alguma ideia dos detalhes envolvidos em direcionar seu negócio aonde quer levá-lo. Isso é ótimo, mas somente projetar um sonho não vai ajudá-lo a avançar. Se necessário, revisite os capítulos anteriores do livro sobre planejamento, pois os conselhos não mudam.

Há, no entanto, uma grande diferença a essa altura: o negócio já existe. Você tem clientes e possivelmente uma equipe. Há pessoas que dependem do funcionamento de sua empresa. Talvez haja um empréstimo pendente e sua renda principal vem dos lucros do negócio. Estabelecer um sonho e um plano é algo relativamente livre de riscos no início, mas é preciso muito cuidado quando já se tem uma empresa para garantir que a magia em andamento não seja perturbada.

Lembre dos tempos de funcionário. Você provavelmente recorda dos momentos inquietantes, quando anunciavam que a empresa estava em processo de mudança e novos gestores eram nomeados. Esse tipo de coisa pode realmente perturbar uma equipe, sem mencionar os clientes.

Anunciar um sonho sem um plano de comunicação e, pior, sem um plano de implementação, pode ser desestabilizador e prejudicial para o negócio. Com base nisso, precisamos considerar quem são os stakeholders da empresa, de modo que uma estratégia para compartilhar a visão possa ser elaborada.

Administrando os stakeholders

De maneira simples, um stakeholder pode ser qualquer pessoa que seja impactada, em algum nível, pelo negócio. Os stakeholders óbvios são a equipe e os acionistas; entretanto, vão além daqueles que estão dentro da empresa. Eles podem incluir os clientes, os fornecedores, o setor no qual o negócio opera, os mercados aos quais o negócio atende e a comunidade na qual se localiza.

ESTUDO DE CASO: Stakeholders da D&t

Em meu negócio principal, a D&t, passamos por um exercício de brainstorming para localizar os stakeholders. No início, decidimos que não queríamos usar o termo "stakeholders", pois parecia muito corporativo em comparação com a forma como normalmente fazemos as coisas. De todo modo, independentemente da semântica, pensamos em quem servimos como negócio e reunimos as "cinco estrelas" da D&t (Figura 10.2).

Figura 10.2 Estrelas D&t (stakeholders)

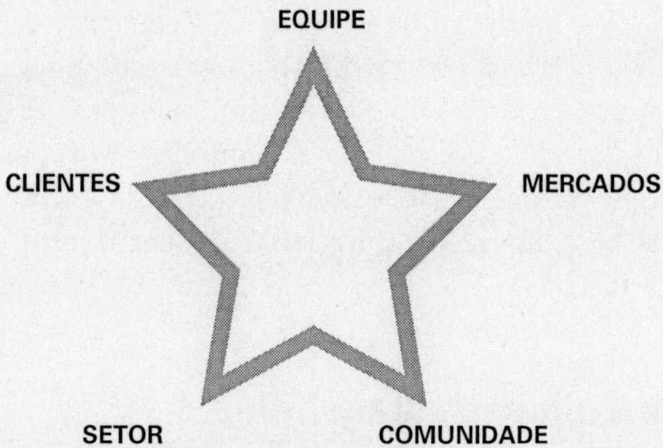

Como você pode ver, decidimos colocar nossa equipe no topo da estrela, com base no fato de que, se conseguirmos o engajamento correto dos colaboradores, a prestação de serviço a todos os outros stakeholders inevitavelmente flui. Depois, temos nossos clientes e mercados. É óbvio para nós que precisamos cuidar dos clientes que pagam por nossos serviços; no entanto, acreditamos que também temos a obrigação de servir os mercados em que operamos. Fizemos isso participando de eventos do setor, e eu me engajei na liderança do pensamento e contribuí para a associação comercial como diretor e membro do comitê. Por fim, temos nossa comunidade e setor, que servimos ajudando a angariar fundos para caridade e liderando a conversa na área da contabilidade, retribuindo ao setor que nos permitiu construir um grande negócio, ajudando outros a aprender com o que correu bem e o que não correu bem para nós.

Um momento para refletir

Este é um ótimo momento para pensar nos stakeholders em seu negócio, tanto atualmente (para ajudá-lo a entender a quem sua visão precisa ser comunicada) quanto no futuro. Você não precisa adotar o formato de estrela, mas faça uma lista de cada grupo influenciado por seu negócio e destaque os grupos-chave.

Ao definir claramente seus stakeholders, você descobrirá a melhor maneira de comunicar sua visão a eles.

Colocando de lado o exercício, é importante saber que a visão permeia toda a empresa. O impacto óbvio é sobre a cultura da empresa, que abordaremos com mais detalhes nos Capítulos 13 e 14 quando discutiremos recrutamento e liderança; entretanto, na minha opinião, a visão é a base que sustenta todos os fatores que tornam um negócio escalável. Ela determina o modelo de crescimento, é a chave do sucesso para o financiamento e naturalmente tem um impacto maciço na cultura e nos valores do negócio.

Agora que sabe a importância de definir uma visão em seu negócio na busca pela escalabilidade, pense na importância de comunicá-la corretamente. Antes de gritar seus grandes planos à sua equipe, acompanhe os próximos quatro capítulos para garantir que você tenha clareza do caminho certo. Isso permitirá responder com confiança a qualquer pergunta complicada que possa surgir de sua equipe, bem como verificar seus planos de forma sensata.

E se isso não parecer certo?

Precisamos enfrentar a realidade de que nem todos os negócios são adequados para a escalabilidade, e nem todos os donos de negócios querem escalar seus negócios. Neste capítulo, aceleramos um pouco o ritmo e passamos do lado operacional de administrar um negócio para alguns aspectos mais estratégicos. Pode ser que, ao fazer os exercícios, algo não pareça muito certo para você. Se esse é o caso, deixe-me ser o primeiro a dizer o seguinte: parabéns!

Nos negócios, a intuição diz muito, e é vital que você escute esses sinais o mais cedo possível. Se está tendo dificuldade em imaginar seu negócio atual se tornando escalável, ou se está cortando um dobrado para acreditar nas respostas que encontrou para as perguntas de sondagem, é um sinal de que você deveria reconsiderar tudo mais profundamente antes de avançar.

Também pode ser a ansiedade falando mais alto diante de um temor de que investidores externos tomarão o negócio, ou em relação a como você poderia se afastar e deixar uma equipe de gestão dirigir as operações diárias, fazendo coisas que você não sabe para clientes que nunca viu.

Nem todos querem ou são capazes de expandir um negócio de forma agressiva, e todos nós temos limites. No início do livro, abordamos os diferentes tipos de personalidade e comentamos sobre o técnico, o gestor e o empresário. Pode haver muito mais divisões entre essas categorias, pois cada um de nós é diferente. Aqueles que são melhores em iniciar um negócio provavelmente teriam dificuldades para administrar um negócio unicórnio avaliado em 1 bilhão de dólares; em contrapartida, um executivo a nível de diretoria teria dificuldades para iniciar um negócio. Entre esses dois níveis, existem muitas variáveis — por exemplo, eu sei que opero melhor quando tenho uma equipe forte ao meu redor, mas também um bom nível de controle, ou seja, é neste cenário que minha energia tem mais influência e meus pontos fortes se destacam. Portanto, antes de embarcar na viagem de escalabilidade, certifique-se de estar preparado para isso.

Resumo do Capítulo 10

Neste capítulo, examinamos em detalhes a importância de construir uma visão convincente antes de escalar um negócio. Consideramos como a visão influenciará cada parte do negócio e discutimos a necessidade de comunicar a visão de forma eficaz.

Antes de prosseguir, reflita sobre todas as questões apresentadas ao longo do capítulo e responda as seguintes perguntas:

- Em qual das perguntas exploratórias você precisa pensar mais a fundo? Há mais alguma pergunta que você acha que deveria fazer a si mesmo acerca de seu negócio? Anote-as e comprometa-se a tirar um tempo para refletir.

- Quem são os stakeholders em seu negócio? Tente priorizá-los, para entender a ênfase que deve ser colocada em sua estratégia de comunicação. Identifique quaisquer conflitos entre os stakeholders, e também quaisquer stakeholders que possam surgir no futuro, uma vez que seu negócio se torne escalável.

- Mencionamos que escalar um negócio não é adequado para todos. Você tem alguma preocupação ou medo no momento? Em caso afirmativo, anote-os. Embora escrevê-los não os erradique automaticamente, isso lhe dará a oportunidade de explorar essas áreas. Pode ser que apenas adquirir mais conhecimento sobre certos assuntos possa reduzir a incerteza. Outra alternativa é trocar uma ideia com seus conselheiros de negócios.

11

Fundamentos da escalabilidade — O modelo de crescimento

Neste capítulo você vai:

- aprender os diferentes métodos de escalar um negócio;
- compreender os prós e os contras de diferentes métodos de escalabilidade;
- pensar no que funcionaria para seu negócio;
- conhecer outros fatores que podem levar ao crescimento.

Agora que entendemos a importância de ter uma visão forte antes de escalar um negócio, podemos explorar alguns métodos para fomentar o crescimento.

Neste capítulo, exploraremos algumas das rotas mais comuns para o mercado e discutiremos as vantagens e desvantagens de cada uma delas. Não há fórmula mágica: negócios diferentes se beneficiarão de diferentes modelos de crescimento, e às vezes se trata do que é melhor para o empresário. Nesta fase, busque compreender o máximo possível as várias opções disponíveis, para que possa fazer uma escolha bem fundamentada de como expandir seu negócio.

Crescimento orgânico

A maioria das empresas começa crescendo organicamente e conquista novos clientes um a um. Essa é a forma natural de crescimento dos negócios, particularmente no início. O crescimento acontece cliente a cliente, e, à medida que se recebe mais renda, ela é usada para financiar o marketing, de modo a obter mais clientes.

Isso é crescimento orgânico em sua forma mais simples; no entanto, não precisa ser totalmente autofinanciado. Uma vez que você tenha histórico de atrair interesse e clientes, é possível levantar fundos para expandir o negócio de forma mais vigorosa. Isso pode ser feito por meio de empréstimos ou de investidores dispostos a colocar combustível em seu negócio para levá-lo ao próximo nível. Discutiremos algumas dessas opções no próximo capítulo.

É também uma das rotas menos complicadas para o mercado, pois tende a não envolver acordos legais; o crescimento orgânico trata-se apenas de continuar operando suas atividades, cada vez mais rápido e em maior volume. Isso, entretanto, também traz alguns desafios à tona:

O tempo que leva: muitas vezes, o crescimento orgânico é mais lento do que outros métodos, porque depende do investimento em marketing, que só pode contar com um recurso finito em termos de dinheiro. Além disso, é preciso garantir que existe a capacidade de fabricar os produtos ou fornecer os serviços com o aumento de demanda, ou seja, é preciso equilibrar o custo de encontrar novos clientes e o custo de conseguir atendê-los. É complicado até para o melhor dos negócios e pode ser que o crescimento seja muito mais lento do que o esperado.

O custo financeiro: o crescimento orgânico depende do investimento em marketing e da capacidade de produção. O próprio negócio até pode financiar isso, porém, para torná-lo escalável, pode ser necessário assumir investimentos externos, os quais terão um custo, como a cobrança de juros sobre uma dívida ou uma demanda por equity. O ciclo monetário para o crescimento orgânico também implica que as despesas são gastas antes que novos clientes forneçam qualquer valor ao negócio, levando a um desafio contínuo de manter o ritmo de crescimento em relação aos fundos investidos.

A pressão sobre as operações: como o crescimento do negócio será todo "propriedade da empresa", e não franqueado ou licenciado, será preciso contratar equipes para gerenciar o crescimento e investir em infraestrutura de gestão e administração.

Restrições geográficas e operacionais: ao contrário do que acontece quando há uma aquisição, o negócio precisa captar nova participação no mercado, o que pode ser caro. A empresa também pode descobrir que existe um Mercado Endereçável Total (TAM) limitado, o que significa que o Custo de Aquisição de Clientes (CAC) aumentará à medida que esses novos clientes se tornarem cada vez mais procurados. Esses limites podem ser impostos pela área geográfica a que o negócio serve ou pelo mix de produtos que oferece.

Alianças e parcerias estratégicas

Uma maneira de aumentar as oportunidades disponíveis para um negócio é investir em alianças e parcerias estratégicas. Isso é algo que fiz em meu negócio e, a princípio, deve ser muito simples. Uma aliança de sucesso deve ser um acordo em que ambos os lados se beneficiam do trabalho conjunto. Negócios que oferecem serviços se beneficiam mais com isso, embora empresas que fornecem produtos complementares também possam se beneficiar. Entretanto, mesmo que essas parcerias sejam firmadas, elas podem não ser bem-sucedidas.

Talvez o maior desafio seja a falta de motivação para impulsionar a aliança de fato. Se o equilíbrio dos benefícios não for igual, um dos lados logo perde o interesse em levá-la adiante. Remuneração financeira nem sempre é a resposta. Alguns preferem não receber compensação financeira e, em vez disso, buscam maneiras de promover mutuamente o negócio um do outro.

Não há desvantagens reais em estabelecer alianças estratégicas, desde que sejam feitas de forma sensata. Veja minhas principais dicas de como estabelecê-las:

Certifique-se de compreender o equilíbrio de poder: em toda parceria, há um equilíbrio desigual de poder entre as duas partes. Mesmo que ambos os negócios sejam de tamanho e reputação equivalentes, é provável que haja algumas diferenças entre eles. Tire tempo para explorar os antecedentes e a presença que seu parceiro potencial tem dentro de seu mercado. Podemos ficar deslumbrados pelo apelo que certas empresas globais possuem; no entanto, se não tiverem uma relação substancial com o tipo de clientes com os quais gostaríamos de trabalhar, a parceria pode se tornar desequilibrada, além do que se espera.

Lembre-se da hierarquia em que você e seu parceiro se encontram: se você sente que ambos os lados da parceria têm um equilíbrio igual de poder, então precisa considerar em qual hierarquia cada negócio se encontra. Às vezes, você simplesmente não tomará a frente só porque seu serviço é usado depois do serviço de um parceiro ou vice-versa. Um bom exemplo disso seria um designer de site e um especialista em SEO trabalhando juntos. À primeira vista, parece uma parceria bastante natural; entretanto, um negócio não precisa de otimização para mecanismos de busca até que o site seja projetado, e, no momento em que a empresa divulga seu novo site, é pouco provável que precise de um novo design.

Teste a experiência do cliente: nada pode abalar mais uma aliança estratégica do que um cliente em comum se decepcionar com um dos parceiros. Certifique-se de que seus parceiros vão lidar com seus clientes da maneira que você espera que eles sejam tratados. Quando você encaminha um cliente a um terceiro, sua reputação está tão em jogo quanto a do parceiro, afinal, seus clientes confiam em você, em seu negócio e em sua opinião para seguir a recomendação. Se seu cliente for desiludido de alguma forma, isso reduzirá esse nível de confiança.

Estabeleça expectativas claras de desempenho: se você conseguiu alinhar o que cada um pode oferecer à parceria até aqui, e está feliz com o modo que o parceiro cuidará de seus clientes, o próximo passo é estabelecer algumas metas. Pode ser realmente simples, ou um sistema mais formal de monitoramento. O fundamental aqui é certificar-se de que ambos os lados estejam plenamente cientes do que se espera deles.

Acorde os limites da parceria: há muito mais numa parceria do que apenas contar os ganhos. Assim como em uma relação romântica, você precisa decidir quais são seus limites, e o que constituiria uma traição. Se uma das partes espera exclusividade, enquanto o outro espera um relacionamento aberto, é provável que isso provoque muita tensão. Converse com seu potencial parceiro sobre como a aliança funcionará para evitar mal-entendidos no início. Se você for o parceiro “menor”, é provável que o mais influente trabalhe com outros negócios semelhantes ao seu. Não há problema nisso, desde que você não esteja esperando que ele indique apenas a sua empresa. É também uma oportunidade de discutir como você pode se tornar a prioridade nesse contexto, pois o parceiro “maior” pode dividir suas indicações justamente porque as parcerias anteriores não estavam funcionando.

Facilite a indicação mútua: pode parecer óbvio, mas minha última dica é facilitar ao máximo e aceitar as indicações que seus parceiros fazem em sua direção. Se o processo for de todo complicado para eles, seus funcionários ou clientes, é improvável que eles sejam proativos em encaminhar trabalhos para você no futuro. Ao tornar tudo o mais simples possível, você garante que a parceria tenha a maior chance de sucesso.

Franquia

A franquia é um método de expansão de negócios que lhe permite trabalhar com franqueados, que montam seus próprios negócios em determinada região, utilizando sua marca, seus sistemas e sua cultura. Existem várias formas diferentes de franquia, e muitas marcas globais como McDonald's, Starbucks e Subway a utilizaram como modelo de crescimento, bem como incontáveis negócios menores na maioria dos setores. Uma franquia geralmente consiste em quatro elementos essenciais:

O acordo legal: o acordo de franquia determina o valor de seu negócio, portanto, não é algo para economizar. Ele estabelece a relação entre você, franqueador, e o franqueado, cobrindo assuntos como o prazo do contrato, o que se espera do franqueado, quanto ele te pagará (montante conhecido como taxa de serviço de gestão) e como a relação pode ser encerrada. É importante ter aconselhamento especializado na preparação do acordo, também para estabelecer o que você precisa fazer como franqueador, pois cada país tem diferentes níveis de regulamentação de franquias — nos EUA, por exemplo, as franquias são regulamentadas tanto em âmbito federal quanto estadual; no Reino Unido, não há legislação específica e qualquer pessoa pode se autointitular uma "franquia".

A marca: embora marcas estabelecidas como Burger King não necessitem de apresentação, é provável que sua marca não esteja exatamente nesse nível de reconhecimento. Mesmo assim, como franqueador, você precisa garantir que o valor de sua marca seja maximizado e que o uso seja controlado. Um franqueado normalmente espera que sua marca seja registrada, no mínimo, em seu país de operação, para que ninguém além dos franqueados possa usá-la. De sua parte, você também espera que o franqueado utilize a marca somente da maneira que determinou e, para isso, os franqueadores elaboram diretrizes de marca, estabelecendo exatamente o que pode e o que não pode ser feito pelo franqueado.

Os sistemas: a franquia é às vezes referida como "negócio em uma caixa", e os franqueados geralmente investem em franquias em vez de iniciar seu próprio negócio para não precisar reinventar a roda. Para ajudá-los a atingir o objetivo, é esperado que você forneça um manual de operações para explicar como o negócio deve ser administrado. No passado, esses manuais eram documentos com inúmeras páginas, mas hoje em dia eles podem tomar a forma de uma intranet ou de um banco de dados. Seja qual for o formato, lembre-se de que o documento deve ser vivo e iterativo, em vez de algo imutável. Os negócios crescem com o tempo, e, embora suas operações possam ser líderes de mercado em determinado momento, é importante construir uma cultura de melhoria, e isso inclui o manual.

A cultura: por fim, o tópico que com frequência não é abordado é a cultura, ou, simplesmente, a maneira como fazemos as coisas. Os franqueados geralmente procuram comprar algo que é maior e melhor do que aquilo que podem criar com o mesmo investimento, e, para mim, a cultura está lado a lado com a marca e os sistemas. Ao realizar conferências regionais e nacionais, conselhos consultivos e eventos de premiação, você ajuda os franqueados a tocar os negócios por si próprios, mas não sozinhos.

Embora a transmissão desses elementos deva ocorrer para cada franquia, há muitas coisas que podem diferir de uma para outra. Normalmente, as redes cobram uma taxa de serviço de gestão com base na receita; no entanto, às vezes (particularmente em negócios que lidam com dinheiro vivo), a taxa é um valor fixo. O prazo do contrato de franquia pode diferir, porém é geralmente de cinco anos. Os bancos tendem a querer que seus empréstimos expirem até o final do prazo inicial da franquia.

Um dos medos habituais que os donos de negócio têm em relação à franquia é a perda de controle. Entretanto, se o negócio for franqueado adequadamente, com manuais de operações apropriados e uma sede onde é feito o controle operacional com os gestores das franquias, isso não será um problema. Uma questão pode ser a diferença dos tipos de personalidade entre os funcionários antigos e os novos franqueados, que estão em algum lugar entre "funcionários" e "empresários", e precisam de algum apoio para chegar ao ponto em que sejam capazes de administrar o negócio com sucesso por si mesmos.

Negligenciar o investimento necessário para iniciar a franquia também é perigoso. É possível usar sistemas e acordos pré-existentes, o que se revela uma economia boba, pois as bases do negócio precisam ser robustas. O valor de uma eventual venda da franquia é inteiramente baseado na força da marca, dos sistemas e dos acordos em vigor. A infraestrutura requer investimento, assim como o recrutamento. Há um alto custo envolvido em estabelecer cada franqueado, portanto, não subestime o impacto que isso pode ter em seu fluxo de caixa.

Se está considerando se expandir em uma franquia, em âmbito regional ou internacional, minha primeira sugestão é que entre em contato com a associação nacional de franquia.

Os órgãos comerciais fornecem uma grande quantidade de informações sobre o mercado e o encaminharão para os conselheiros certos. Também oferecem a oportunidade de conhecer outros franqueadores que já tenham percorrido este caminho antes.

Existem outros modelos similares, como licenciamento e contratos de distribuição, que reduzem o nível de controle que a matriz tem sobre seus parceiros. Um bom exemplo de um acordo de licenciamento é a Coca-Cola, que licencia o uso de sua marca e receitas internacionalmente, mas não controla o lado operacional dos negócios regionais.

Fusões e aquisições

Uma opção muito comum para quem está procurando se expandir com rapidez é adquirir empresas similares operando em seu setor. Embora esse método exija financiamento intensivo, ele permite que os negócios captem tanto a participação de mercado quanto a equipe. Não apenas isso, o grupo que resulta de uma iniciativa de aquisição pode se beneficiar do compartilhamento da infraestrutura da matriz e das experiências de todos os colaboradores.

Um negócio que avança com uma estratégia de aquisição também tem outro benefício para seus proprietários: o aumento do valor das operações. Naturalmente, os lucros combinados serão a base de qualquer avaliação, mas a relação preço/ganhos (ver Capítulo 12) também aumentará conforme o negócio se expande, o que significa que há benefícios para ambos os lados da equação.

Embora tudo isso possa parecer atraente, há alguns problemas que você também precisa considerar. O primeiro é que, quando se adquire um negócio, não se adquire apenas as coisas boas! Você herdará outra cultura, outra equipe e outra maneira de fazer as coisas, que podem ser muito diferentes de seus hábitos. Você também pode descobrir que certas linhas de produtos não são lucrativas e que os clientes, por sua vez, também têm uma percepção própria deste outro negócio.

Podem existir ainda alguns segredos obscuros na aquisição. Há dois tipos de compra: a compra de ações, modalidade na qual você adquire as ações da empresa e assume toda a história do negócio, e a venda de ativos, na qual você compra apenas as "coisas boas" do negócio. Seja qual for a rota escolhida, existem garantias legais para protegê-lo de qualquer imputabilidade histórica. Entretanto, na prática, se houver algo que possa comprometer a reputação do negócio, você sofrerá as consequências independentemente das nuances cobertas pelos acordos legais.

Outro fator a ter em mente é que as aquisições podem ser percebidas como práticas anticompetitivas. É pouco provável que você não quebre sem querer qualquer legislação nesse sentido, pois um acordo dessa dimensão naturalmente o levaria a buscar uma equipe forte para elaborá-lo, o que excluiria esse risco. Ainda assim, o mercado pode ser hostil contra o novo negócio expandido.

Tendo em mente os benefícios e os problemas mencionados, se estiver considerando uma estratégia de aquisição, contrate uma agência para procurar oportunidades em seu mercado-alvo. Pode haver a cobrança de um adiantamento ou de uma remuneração pelo resultado, porém é a via para abrir o leque de oportunidades, e geralmente as agências atuam como facilitadoras durante as negociações. Ao longo de minha experiência, observei que as aquisições sempre têm algo capicioso em algum momento, e ter alguém em sua equipe que já fez isso várias vezes antes o ajudará a separar as táticas de negociação de exigências inaceitáveis.

Algumas das táticas utilizadas para expandir o negócio

A breve explanação anterior apresenta algumas das opções disponíveis e deverá ajudá-lo a organizar seus pensamentos para definir a direção geral em que gostaria de levar seu modelo de crescimento. Gostaria agora de abordar algumas táticas diferentes que os negócios utilizam para aumentar sua receita.

Aumentar a gama de produtos/serviços

Seja qual for o setor em que você se encontra, há um limite no número de potenciais compradores para o seu produto ou serviço, e de forma realista você só poderá converter uma porcentagem desse número em clientes reais. O valor do seu mercado endereçável é calculado como o número de potenciais clientes, multiplicado pelo valor médio do cliente. Portanto, talvez a tática mais simples de crescimento seja aumentar o número de potenciais clientes, aumentar o valor médio do cliente, ou ambos.

Uma das maneiras de fazer isso é aumentando a gama de produtos ou serviços que você fornece ao mercado. Depois de olharmos o crescimento "horizontal", que é continuar fazendo mais do mesmo, você também pode considerar o crescimento "vertical". Isso pode se dar pela oferta de um produto ou serviço de que seus clientes atuais também precisam. Assim, por exemplo, uma concessionária de automóveis pode decidir oferecer também reparos de automóveis.

Essa tática pode ser usada tanto em modelos de crescimento orgânicos como aquisitivos, e ajuda a aumentar o valor médio dos clientes.

Inovações

Outra tática que alguns negócios utilizam para o crescimento é a inovação. Embora as pessoas pensem no Vale do Silício e em ambientes similares quando o assunto é empresa inovadora, a inovação está mais próxima do que parece. Acontece muitas vezes sem que pensemos nela e em como sustentá-la. No Capítulo 3, abordamos de forma mais detalhada os diferentes tipos de inovação.

Precificação

Uma das maneiras de gerar mais receita é aumentar os preços. Com essa frase, sinto que declarei a dica comercial mais óbvia. É notável, porém, o número de negócios que não fixam preços de modo efetivo para seus produtos ou serviços. Há várias maneiras de calcular os preços, que, a meu ver, se resumem ao seguinte:

- **precificação competitiva:** com base no que a concorrência está cobrando;
- **precificação de custo acrescido:** baseado no custo de produção do produto ou serviço, mais um elemento de lucro;
- **precificação baseada em valor:** vinculado ao valor que o cliente final recebe;
- **precificação baseada na demanda:** com base na demanda do produto ou serviço;
- **precificação baseada no desejo:** vinculado às emoções que podem ser suscitadas no cliente.

O erro que muitos negócios cometem é considerar apenas um ou dois desses métodos, e geralmente optam pela precificação competitiva ou de custo acrescido.

Em vez de se contentar com apenas um tipo, eu incentivo todo negócio que quer crescer a considerar o assunto de todos os ângulos: internamente, observando a demanda e o custo de produção, e externamente, observando o valor, o desejo do consumidor e a oferta do mercado. Com uma abordagem sistematizada para assegurar a consistência dos preços, o negócio deve cobrar o que o produto vale. Há também várias teorias sobre precificação de menu, ancoragem e outros métodos que podem ajudar.

Resumo do Capítulo 11

Neste capítulo, fizemos uma viagem muito rápida pelos diferentes modelos de crescimento que os negócios podem utilizar. Analisamos métodos orgânicos de crescimento, tais como aumentar o volume do que já funciona, e modelos como franquia, licenciamento e alianças estratégicas. Também analisamos brevemente as oportunidades que as aquisições podem trazer para um negócio. Por fim, abordamos algumas das táticas que os negócios podem utilizar para aumentar sua participação de mercado e sua receita, incluindo precificação, diversificação e inovação.

Antes de prosseguir, reflita sobre todas as questões apresentadas ao longo do capítulo e responda as seguintes perguntas:

- Qual dos modelos de crescimento pareceu interessante para você? Mostramos apenas alguns detalhes, e há uma série de recursos disponíveis para ajudá-lo a entender as opções de forma mais completa. Anote os que funcionariam para seu negócio e os próximos passos que você tomará para aprender mais.

- Qual das táticas merece mais consideração? Faça uma lista das que soam melhor e sobre as quais gostaria de aprender mais. Isso o ajudará a organizar suas pesquisas e a encontrar as informações certas para decidir quais usar.

- Quando se busca o crescimento de um negócio, é importante aprender com outros que já passaram por isso. Você conhece alguém que possa ajudar especificamente no crescimento de seu negócio? Talvez alguém do setor de vendas, que tenha construído seu próprio negócio ou que administre uma agência de marketing. Tome nota e se comprometa a contatá-las para pedir ajuda.

12

Fundamentos da escalabilidade — O modelo de financiamento

Neste capítulo você vai:

- conhecer os diferentes métodos para financiar um negócio escalável;
- compreender como os negócios são avaliados;
- entender as métricas que os investidores e os financiadores buscam;
- conhecer as diferenças fundamentais entre as perspectivas dos investidores e dos financiadores.

A segunda parte do quebra-cabeça é garantir que você tenha o modelo de financiamento certo para o crescimento. Um negócio de sucesso vai levantar fundos com base em seu histórico, pondo à prova algumas métricas que antes eram apenas ideias em um plano de negócios e demonstrando seu nível de crescimento de receita.

Você poderá considerar diferentes tipos de investimento. Uma startup, no início, é bastante limitada e só pode realmente considerar empréstimos, equity e algumas outras opções restritas, tais como leasing de equipamentos ou factoring. Com um pouco de influência, outros métodos de financiamento se tornam disponíveis, ajudando a abrir as portas para acelerar o crescimento.

Vamos expandir o que você aprendeu sobre captação de recursos no Capítulo 5 e sobre gestão financeira no Capítulo 9. Se achar que algum dos tópicos aqui parece um pouco avançado, talvez valha a pena voltar atrás e refrescar sua memória sobre os pontos-chave já levantados.

Deixo também uma palavra de apoio. Você pode sentir que seu negócio não é adequado para novos financiamentos, e está tudo bem. A escalabilidade acontece de muitas formas, e faz parte do processo compreender todas as cartas na mesa.

O financiamento por equity... aumentou!

Para dar início a este mergulho mais profundo em como os negócios podem ser financiados, primeiro vamos dar uma olhada no misterioso mundo do equity. Vamos além da conjectura em que um amigo ou familiar investe em uma ideia nova para um negócio, e entender como o financiamento por equity pode ser usado para o crescimento de um negócio.

Mesmo que você sinta que não quer abrir mão de parte de sua propriedade, vale a pena entender o básico. Você pode trabalhar com fornecedores ou clientes que estão nesse caminho e isso o ajudará a entender algumas das decisões que eles tomam em seus negócios. Também ajudará caso você seja abordado por um financiador, pois conseguirá entender um pouco do jargão!

ESTUDO DE CASO: considerações de financiamento — Amazon

No início dos anos 2000, e antes de me envolver em qualquer negócio que tivesse recebido investimento por equity, vi a influência que a Amazon estava alcançando e não conseguia, por mais que eu me esforçasse desesperadamente, entender por que ela simplesmente não aumentava seus preços em 1%. Os produtos ainda continuariam muito baratos e isso teria transformado sua rentabilidade (na época, a empresa era deficitária).

Só me dei conta depois de uma conversa com um amigo: apesar de a Amazon ser uma das maiores empresas do mundo, ela só faria isso quando atingisse um ponto de domínio do mercado — o risco de comprometer o crescimento de sua participação no mercado era maior do que o custo das perdas para seus investidores. Isso vai contra os conselhos dados aos pequenos negócios de administrar a rentabilidade de cada parte de seus negócios, porém, para a Amazon, parece ter sido a decisão certa.

Vejamos as diferentes etapas do financiamento por equity, junto com os valores típicos investidos e as avaliações.

> **Nota importante:** há dois tipos de avaliação (*valuation*) — pré-investimento e pós-investimento. As avaliações de uma empresa que recebe investimento por equity são notoriamente difíceis de estabelecer, dado que o investimento é baseado em grande parte no futuro potencial e não no histórico do desempenho. Falaremos mais das avaliações neste capítulo. Usei dólares americanos nos exemplos a seguir, pois a indústria de capital de risco está em grande parte centrada nos EUA; lembre-se que seu negócio será avaliado na jurisdição em que você e seus financiadores estiverem.

Capital pré-semente

Valor comum para este tipo de financiamento: 5 mil a 200 mil dólares
Nenhuma avaliação da empresa nessa fase

Conhecida também como a fase de *bootstrapping*, é normalmente financiada pelo fundador ou por amigos e familiares próximos. Engloba os testes e estudos de viabilidade e a concepção do produto. Durante essa etapa, você trabalha com o que tem e experimenta o máximo que puder para garantir sua entrada em círculos de financiamento com confiança. Os níveis de financiamento nessa fase tendem a ser de cinco dígitos, e o negócio se concentra em operar com o menor custo possível enquanto constrói uma proposta que pode atrair mais financiamento ao longo do percurso. Quaisquer acordos legais (que *deveriam* ser feitos adequadamente mesmo nessa fase inicial) são muitas vezes feitos de modo informal, devido à natureza da relação entre o empresário e o investidor.

Capital semente

Valor comum para este tipo de financiamento: 100 mil a 2 milhões de dólares
Avaliação da empresa: até 5 milhões de dólares após o investimento

É aqui que a coisa fica séria! O negócio deve lançar seu produto ou serviço nessa fase e engatar tração (seja a receita uma consequência disso ou não). Os empresários também devem começar a recrutar uma equipe e passar da ideia/planejamento para a ação. O capital semente normalmente é feito por investidores anjos, financiamento coletivo, às vezes por amigos e familiares, como extensão do investimento anterior, ou por agências pequenas de private equity. Nessa fase, os investidores podem investigar aspectos mais complexos para seu investimento, tais como notas conversíveis — que discutiremos mais adiante — e acordos legais mais robustos do que os que podem estar em vigor na fase de capital pré-semente.

Série A

Valor comum para este tipo de financiamento: de 2 a 15 milhões de dólares
Avaliação da empresa: 10 a 30 milhões de dólares

Esse é a primeira rodada de capital de risco e, nesse ponto, o empreendimento tem um modelo de negócios funcional, uma equipe forte e, o mais importante, um modelo escalável. Não se trata apenas de uma "grande ideia", que pode ter sido suficiente nas rodadas anteriores. Os investidores esperam ver uma estratégia forte e um histórico de crescimento (embora não necessariamente lucratividade). Você também pode descobrir que investidores anteriores gostariam de participar dessa rodada e injetar mais capital no negócio. Mesmo que haja vários investidores, um deles provavelmente se destacará como investidor principal e ocupará um lugar no conselho.

Série B

Valor comum para este tipo de financiamento: de 15 a 30 milhões de dólares
Avaliação da empresa: 30 a 60 milhões de dólares

A seguir, a rodada (criativamente nomeada) Série B! A principal diferença entre a Série A e a Série B é que a segunda rodada será restrita ao capital de risco, por causa do valor mais alto do investimento. Essa rodada se concentra no aumento da participação de mercado, com foco no crescimento rápido em direção à meta de vendas ou à IPO. Nessa fase, os investidores envolvidos provavelmente são especialistas avançados.

Série C (em diante)

> *Valor comum para este tipo de financiamento: maior que 30 milhões de dólares*
> *Avaliação da empresa: maior que 100 milhões de dólares*

Enquanto as definições tradicionais se concentram nas Séries A, B e C, abro o leque para "Série C em diante", abrangendo qualquer rodada entre o status atual e a IPO. Nessa fase, o financiamento é usado principalmente para elevar a empresa a nível global e para desenvolver novos produtos, entrar em novos mercados e potencialmente crescer por meio de grandes aquisições. Nessa etapa, o investimento é muito menos arriscado e os investidores podem incluir instituições de hedge fund. As avaliações nessa fase também são menos subjetivas, pois podem ser baseadas em dados concretos. Espera-se que as empresas já tenham fluxos sólidos de receita, estatísticas confiáveis sobre métricas como a rotatividade dos clientes, e um histórico comprovado de crescimento.

> **Nota importante:** embora esses sejam termos geralmente aceitos no mercado de investimentos, alguns dos valores e estágios podem ser diferentes, pois cada negócio é único. Por exemplo, uma empresa pode precisar de financiamento adicional para alcançar a próxima etapa, ou decidir que o investimento semente é suficiente. Além disso, o montante habitual e as avaliações dos negócios podem diferir de um país para o outro e de mercado para mercado.

Outros métodos de financiamento

Equity não é a única opção. Há uma série de alternativas, muitas das quais foram abordadas no Capítulo 5, e outras que podem ser utilizadas isoladamente ou em conjunto com outros métodos de financiamento.

Financiamento coletivo

Popular na fase inicial de captação de recursos, o financiamento coletivo pode ocorrer como uma oferta baseada em recompensas ou em ações, permitindo que tanto os investidores privados quanto as instituições se envolvam no início da jornada de um negócio. Projetos de inovação têm sido financiados coletivamente com base em ações, e as plataformas que facilitam esses investimentos construíram mercados secundários para que os investidores vendam suas ações. Embora as histórias de sucesso nessa modalidade sejam notáveis, não é tão simples quanto criar um pitch e incrementá-lo. A proposta de negócios tem que ser atrativa, e também há o fator sorte (coisas como investimento de celebridades tendem a ajudar a encorajar a comunidade a abrir a carteira). As plataformas cobram remuneração por resultado e funcionam como um acionista para os investidores que investem quantias pequenas.

Notas conversíveis

Uma nota conversível é uma forma de dívida de curto prazo que se converte em equity na rodada de financiamento seguinte. A nota dá direito a juros e a um desconto na avaliação futura (em um determinado exemplo, um desconto de 20% levaria um investidor a receber ações por 8 dólares no momento da conversão, ao passo que outros investidores na rodada as receberiam por 10 dólares). As notas são frequentemente utilizadas para preencher a lacuna entre um déficit atual e uma rodada de investimento futura, e a avaliação não precisa acontecer no momento da emissão da dívida; em vez disso, por sua natureza, a avaliação é feita no momento da conversão. Há dois outros aspectos que precisam ser considerados: as notas conversíveis têm data de vencimento, na qual a dívida precisa ser paga, se não for convertida, e alguns investidores podem pressionar por um "teto de avaliação", que limitará o preço que eles pagarão se a empresa decolar entre o momento da emissão das notas e a próxima rodada de financiamento.

Financiamento de mezanino

Outra forma é o financiamento de mezanino, tipicamente usado para preencher a lacuna entre o financiamento por dívida e o financiamento por equity disponível. Em geral, é usado apenas quando há um déficit no investimento necessário, pois é muito caro para o negócio e de alto risco para o credor, com taxas de juros de 12 a 20% ao ano. O risco para o credor se deve ao fato de que a dívida adquire menos prioridade do que qualquer dívida padrão. Esse método é mais usado para aquisições ou outros projetos específicos.

Um momento para refletir

É fácil ser consumido pelo jargão e ficar obcecado com pormenores. Quando se trata de obter financiamento, considere sua inclinação entre contrair dívidas ou entrar em acordos envolvendo equity e se consulte com especialistas a respeito das nuances de cada alternativa. Há algumas descrições gerais aqui, mas o perigo mora nos detalhes, e sua melhor aposta é conseguir que alguém com experiência nessas transações revise o contrato antes de você assiná-lo para ter certeza de que é o que está esperando.

O que o investidor recebe de volta?

A resposta simples a essa pergunta é: uma fatia do negócio! Entretanto, como você sem dúvida já percebeu, nada nos negócios é tão simples assim.

Diferentes investimentos têm perfis de risco variados, o que, por sua vez, leva a retornos e motivações diferentes para os investidores. Por exemplo, um investidor de Série C só pretende dobrar seu dinheiro, pois é uma rodada relativamente livre de riscos, em comparação com um investidor de capital semente, que espera ganhar significativamente mais se o negócio for um sucesso.

Os investidores de capital semente normalmente investem de modo formal e profissional, e espera-se que ambos os lados obtenham aconselhamento legal. Há alguns fatores esperados em qualquer contrato:

Ações preferenciais: existem dois tipos gerais de ações em uma empresa — ordinárias e preferenciais. A diferença entre elas está nos documentos legais da empresa; geralmente, acionistas preferenciais têm direito a receber pagamento primeiro no caso de liquidação e a receber tratamento "preferencial" para a distribuição de dividendos.

Controle: um investidor pode negociar um nível de controle diferente do que está implícito pela proporção de ações detidas. Isso é algo que pode esbarrar na crença de alguns donos de negócios de que precisam reter 51% das ações para "manter o controle". A realidade para os negócios financiados por equity é que o equilíbrio de poder será decidido no acordo entre acionistas. Combinado com a nota sobre ações preferenciais mencionada antes, esse é um momento ideal para destacar que, embora as ações possam parecer iguais na superfície, a realidade dos acordos pode demonstrar que diferem em relação aos pagamentos devidos, à propriedade da empresa e ao direito de voto. Por isso, é necessário um sólido aconselhamento jurídico.

Vesting: introduzido nas rodadas de financiamento de capital semente ou Série A. É a cláusula de aquisição de ações, que se destina a vincular os fundadores e quaisquer detentores de equity à empresa. Envolve benefícios a longo prazo para o fundador em relação às ações, com base em tempo dedicado à empresa ou desempenho. Embora possa parecer injusto, é importante evitar qualquer situação desconfortável decorrente de um acordo de cofundação, pois essa cláusula impedirá um sócio de deixar a empresa com toda a sua participação acionária. Os termos são uma questão a ser negociada.

Option pool: opções de ações concedidas aos colaboradores principais. Essas ações teriam uma estrutura de *vesting* semelhante à do fundador, de forma que toda a equipe esteja alinhada com os objetivos e interesses da empresa.

Um momento para refletir

Atrair investimentos por equity para estimular o crescimento pode levá-lo a perder o controle sobre o negócio. As cláusulas dos acordos com acionistas e a diluição de suas ações tornam possível que você se torne uma engrenagem dentro de sua própria máquina. Não é coincidência que muito poucos fundadores permanecem no negócio que iniciaram, uma vez que seguem esse caminho e são "liberados". Certifique-se de que, antes de seguir essa rota, você esteja à vontade com tudo o que ela pode implicar.

O que os investidores e credores procuram?

Embora existam diferenças entre financiamento bancário e investimento por equity, todos buscam uma estratégia sólida, um plano robusto e confiança no empresário com quem querem fazer negócios. Também é evidente que eles terão uma visão do setor em que o negócio opera e das condições do mercado no momento.

Normalmente, os bancos tendem a procurar negócios de menor risco, portanto, querem ver o seguinte:

- níveis seguros de crescimento no negócio, sem muita agressividade;
- cobertura suficiente para os juros;
- fluxo de caixa suficiente para honrar os pagamentos.

Um momento para refletir

Você se lembra de meu comentário sobre a Amazon do início dos anos 2000? Um credor bancário tradicional teria a mesma mentalidade que eu tinha. Para os bancos, a capacidade de pagar a dívida é a principal preocupação, muito mais relevante do que seu crescimento como negócio. Se seu crescimento não significar maiores lucros e fluxo de caixa livre, os empréstimos bancários não serão adequados para seu negócio.

Os investidores por equity buscam coisas diferentes ao avaliar um negócio. A etapa de investimento ditará o quão confiáveis são as estatísticas, mas geralmente eles procuram evidências de crescimento, controle do custo de aquisição do cliente, aumento contínuo da receita recorrente anual, alta estimativa de receita média gerada por cliente e baixa taxa de rotatividade se estiver em um negócio que precisa reter clientes durante um período. Essas métricas medirão a capacidade de crescimento de seu negócio e darão aos investidores uma ideia de que o nível de retorno necessário pode ser alcançado.

A razão pela qual eles precisam fazer isso é simples: há uma taxa de fracasso muito alta, particularmente nos primeiros investimentos. Para equilibrar, eles precisam ter uma carteira diversificada de investimentos, com uma boa quantidade de negócios com alto potencial de retorno. De acordo com uma pesquisa da Techcrunch, apenas cerca de 40% dos negócios que fecham uma rodada de investimento de capital semente ou anjo chegam de fato à Série A, e pouco mais da metade desses chegam à Série B depois. [1]

A questão das avaliações (*valuation*)

Agora que estamos chegando ao final deste capítulo, vamos dar uma olhada nas avaliações. Elas são, em última análise, a questão central no financiamento por equity e também o que vai ditar o tamanho do cheque quando o negócio é vendido ou lançado por meio de uma IPO.

Um ditado comum da área diz que "a avaliação é uma arte, não uma ciência", e até certo ponto é verdade. Há várias maneiras de avaliar um negócio, e muitas vezes o valor é determinado através da combinação de várias dessas abordagens e do aval de um investidor ou comprador que concorde com o número. Entretanto, não se trata apenas de adivinhação. Os valores considerados e comparados são calculados por métodos científicos, com base em dados comprovados dentro do negócio. Alguns dos métodos usados para calcular um valor são:

Avaliação baseada em ativos: esse é efetivamente o valor do balanço da empresa — o que ela possui menos o que ela deve. Não leva em conta o valor do trade, e pode ser referida como o valor de liquidação.

Valor do fluxo de caixa descontado (FCD): este é um método para estabelecer o valor atual dos fluxos de caixa futuros dentro da empresa. Pense desta forma: imagine que você tivesse a opção de receber mil libras hoje, ou cem libras por mês durante os próximos 12 meses. Embora no papel o pagamento mensal possa parecer melhor por ser um número maior, há alguns fatores a se considerar. Primeiramente, há o risco de não receber todos os pagamentos e também de que o valor de 100 libras em um ano seja menor por causa da inflação. Os cálculos do FCD tentam levar em conta a redução do valor ao longo do tempo, descontando os fluxos de caixa futuros.

Índice preço/lucro: essa é uma forma de estimar o valor dos lucros futuros multiplicando um lucro médio anual por uma relação preço/ganhos. Essa é efetivamente outra forma de estimar o valor dos fluxos de caixa futuros.

Índice de múltiplos de receita: em alguns setores, você pode estimar o valor de um negócio aplicando um múltiplo à sua receita. Mais uma vez, essa é uma boa estimativa do valor futuro do investimento, levando em conta um conjunto previsível de custos anexados.

Avaliação de mercado: onde há comparativos confiáveis, como em uma rede de franquias ou empresas similares com informações disponíveis publicamente, pode ser feita uma avaliação baseada no mercado, normalmente como um teste em relação a outros métodos.

Método **First Chicago/capital de risco:** esse é um modelo utilizado pelos investidores para empresas em crescimento nas quais há poucos dados. Uma avaliação é realizada a partir dos melhores, intermediários e piores cenários, levando em conta as prospecções para vendas ou aquisições e o valor descontado do retorno do investimento. O investidor então aplica uma probabilidade a cada cenário para criar uma avaliação média ponderada.

Modelo de desconto de dividendos (modelo de Gordon): esse é um modelo muito básico, levando em conta o valor dos dividendos durante um período de tempo para calcular o rendimento do investidor. É tipicamente utilizado para empresas muito experientes e estáveis que já escalaram.

Resumo do Capítulo 12

Neste capítulo, fizemos uma viagem muito rápida pelos diferentes modelos de financiamento que um negócio pode utilizar. Como já havíamos considerado opções básicas de empréstimo no Capítulo 5, aqui nos concentramos mais em financiamento por equity e nas etapas pelas quais os negócios podem passar desde o início até sua eventual flutuação ou saída do mercado de ações. Analisamos as diferentes maneiras de avaliação e também algumas outras formas de financiamento, como notas conversíveis, financiamento de mezanino e financiamento coletivo.

Antes de prosseguir, reflita sobre todas as questões apresentadas ao longo do capítulo e responda as seguintes perguntas:

- Qual é a sua inclinação atual em relação a financiamento por equity? Você ficaria feliz em abandonar o controle sobre um negócio pequeno a fim de transformá-lo em um negócio potencialmente global? Anote suas ideias iniciais sobre o assunto e explore o que o controle significa para você.

- Quais áreas você gostaria de pesquisar mais? Abordamos muitos tópicos em um pequeno capítulo, e algumas informações podem parecer confusas. Tome nota de qualquer assunto sobre o qual você gostaria de ler mais.

- Se está esperando financiar um negócio escalável, é importante reunir uma equipe forte para ajudá-lo. Ela deve no mínimo incluir um contador, um advogado e um corretor financeiro. Anote os nomes das pessoas de sua própria rede com as quais deve conversar para obter recomendações. Os contadores e os advogados que têm lhe prestado serviço até agora podem não ser adequados, então pense nas perguntas que pode fazer para garantir que eles estejam à altura do trabalho e tenham a experiência e os contatos certos.

13

Fundamentos da escalabilidade — O modelo de recrutamento

Neste capítulo você vai:

- compreender como recrutar efetivamente uma equipe para o crescimento;
- entender o que procurar em novos membros da equipe;
- aprender como unir a equipe em uma frente que funciona.

A terceira parte do quebra-cabeça é garantir que você tenha o modelo certo de recrutamento para promover o crescimento. Para mim, as pessoas são a parte mais gratificante de qualquer negócio, embora possa ser também a mais desafiadora. Ao passo que o financiamento de um negócio é bastante científico e baseado em dados, nós, humanos, somos seres complexos, e não existe um livro de regras que dite uma maneira certa de se formar uma grande equipe. De fato, praticamente todas as provações que eu poderia compartilhar sobre minhas experiências se reduziria a um tema: escolher as pessoas erradas, perder as pessoas mais brilhantes, e tudo que habita no meio desses extremos.

Por que os negócios se enganam tanto quando o assunto é recrutamento?

Imagine o cenário a seguir. Sua planilha de encomendas está lotada, e você está trabalhando 18 horas por dia. Você já está até recusando clientes! Esqueça a preocupação de ter "mais mês do que dinheiro". O tempo é seu recurso mais precioso no momento. Você perdeu algumas atividades familiares e pediu todos os favores possíveis para ajudar com a rotina das crianças, as entregas e com as coisas que surgem de última hora.

Esse é o tipo de tensão que leva um negócio a iniciar um recrutamento para novos colaboradores, e adivinhe? A maioria tende a cometer os erros que descrevi no Capítulo 9:

- contratar habilidades em vez de atitude;
- estabelecer padrões arbitrários;
- se apressar para contratar, demorar para dispensar.

Por quê? Simplesmente devido à falta de planejamento. Um número surpreendente de negócios não planeja o recrutamento, e age apenas sob a premissa de que precisa contratar ajuda. Na verdade, o cenário fictício descrito antes é em si um resultado direto da falta de planejamento e de previsão, muito comum no ramo dos negócios.

Um momento para refletir

Esse é um tema comum ao longo da estruturação de um negócio, não é? A falta de planejamento é o que tende a causar dificuldades de fluxo de caixa, recrutamento, operações e muito mais. Entretanto, ao passo que as outras partes têm uma correção "lógica", os desafios com recrutamento podem ser muito mais complexos, afinal, estamos lidando com seres humanos e não com números em uma planilha ou produtos em uma prateleira. Lembre-se, contudo, que o processo "Sonhe, Planeje, Faça, Reveja" se aplica a todo o negócio!

Já falamos que errar leva a consequências ruins, mas que o custo de um recrutamento equivocado não é apenas os honorários da agência (valor que pode equivaler a até 30% do salário anual de um membro da equipe). Uma má decisão de contratação pode impactar toda a equipe, particularmente se o problema estiver relacionado a uma falta de adaptação à cultura da empresa. O verdadeiro custo de se errar pode ser muito maior do que qualquer soma de dinheiro gasto com o funcionário errado.

Planejamento de recrutamento

Sabemos o que resulta de um recrutamento equivocado, e não é nada bom. Também sabemos com muita clareza que o planejamento pode ajudar a evitar esse problema, pois nos dá tempo para tomar decisões adequadas e retira a urgência do processo. Da mesma forma como construiríamos um armazém antes de comprar o estoque, devemos contratar colaboradores antes do ponto crítico em que já precisamos deles.

Isso é mais simples de entender do que de pôr em prática. Recrutar um novo membro para a equipe pode ser como decidir ter um filho: o momento "perfeito" pode nunca chegar, até que se olhe em retrospecto.

Passo 1: planeje o impacto financeiro

Ainda usando a analogia anterior, muitos pais e mães temem o impacto financeiro de ter um filho. O mesmo ocorre em relação ao recrutamento, mas o fundamental é lembrar que há um impacto financeiro muito maior em limitar seu negócio por *não* recrutar ninguém! Certifique-se de que suas projeções financeiras incluam uma provisão suficiente para contratar membros para a equipe no momento certo.

Passo 2: entenda quando você precisa de ajuda

Muitas vezes, antes mesmo de você pensar que precisa! Nunca podemos adivinhar exatamente em que ponto um negócio precisará de um novo membro para a equipe até que haja um padrão previsível do desempenho do negócio (inclusive, esse é um dos principais benefícios de um negócio escalável com relatórios consistentes). Até chegar nessa fase, é sábio estabelecer algumas metas que possam indicar a necessidade de pessoal adicional. Isso pode ser tão simples quanto observar o número de clientes por dia, ou de rotatividade. Pode até ser medido pelo número de horas que você, como dono do negócio, está trabalhando.

Passo 3: crie seu plano de recrutamento

Você pode achar que seu negócio é muito pequeno para ter um organograma, quanto mais os documentos de apoio que o acompanham, mas, por favor, confie em mim, o processo de criar um plano de recrutamento para seu negócio, como qualquer outro processo de planejamento, vai ajudá-lo imensamente. Analisaremos como fazer isso na próxima seção.

Um momento para refletir

A questão não é o plano, e sim o *processo de preparação* dele. Isso se aplica ao planejamento financeiro, ao planejamento de recrutamento e a qualquer forma de planejamento que você empreenda em seu negócio. O produto não é o plano escrito; em vez disso, é o aprimoramento de seu modo de pensar depois do processo de criar os planos para seu negócio. Você verá as coisas de uma maneira diferente, vai considerar candidatos que talvez nem tenha cogitado antes e descobrir que pode combinar ou dividir cargos. Qualquer que seja o resultado, é o processo de reflexão que realmente o ajudará.

Criando seu plano de recrutamento

Para que um plano de recrutamento funcione, é preciso começar com a finalidade em mente.

Passo A: o organograma

A primeira coisa que você deve fazer é elaborar um organograma de como seu negócio ficaria se todas as funções necessárias fossem preenchidas. Não se preocupe se ainda não tiver contratado ninguém, ou a demanda para contratar; o que estamos tentando fazer aqui é compreender as funções-chave. O organograma pode ser tradicional ou de matriz. Alguns optam por organogramas esféricos. Seja qual for o caminho que decida seguir, certifique-se de mapear as potenciais funções de que seu negócio precisaria. A Tabela 13.1 fornece um exemplo dos cargos mais altos. Você verá que as funções podem parecer exageradas para um negócio novo ou em crescimento, e está tudo bem. Nosso trabalho aqui é listar como seria o negócio perfeito para o setor, independentemente das restrições de custos.

Um momento para refletir

Este processo o ajudará a entender como o negócio deve ser, e mais tarde veremos como fazer a ponte entre o presente e o futuro. Enquanto isso, consulte seus sistemas, processos e procedimentos para ter certeza de que tudo será levado em conta na hora de montar o organograma. Pode parecer óbvio — e no papel é —, mas a realidade é que a maioria das organizações disfuncionais são assim porque sua estrutura organizacional não se alinha com a realidade de como seus negócios funcionam.

Tabela 13.1 Exemplo de cargos seniores em um organograma

Nível	Cargo
1	diretor executivo /diretor administrativo
2	diretor de operações, diretor de desenvolvimento de negócios, diretor financeiro etc.
3	gestor de operações, gestor de vendas, gestor de marketing, controller financeiro etc.

Passo B: criar as descrições de cargos para cada função

A seguir, você precisa criar uma descrição completa das atribuições de cada cargo. Sim, eu sei que você ainda não tem o dinheiro ou o espaço para contratá-los! Nesta fase, estamos montando um modelo hipotético que poderá então ser usado para planejar contratações calculadas e imediatas. Com base nisso, este não é o momento de ser muito criativo com o formato. Reconheço que essas descrições chatas não funcionam muito bem para o recrutamento e acredito que podem e devem ser ajustadas quando realmente estiverem em vigor. Nesta fase, porém, precisamos que sejam tão claras quanto possível para uso interno. Uma descrição de cargos eficaz nesta fase inclui o seguinte:

Um título claro para o cargo: em vez de ser extravagante, certifique-se de que a função corresponda exatamente ao nome que leva. Você terá tempo para sonhar com títulos excêntricos mais tarde, se quiser, mas, nesta fase, é importante ter uma visão muito clara do que cada função requer. Se é para controle de crédito, dê a ela o título de "controlador de crédito". Tentar lembrar o que é um "especialista em gerenciamento de receita" só vai dificultar o processo!

Lista de responsabilidades: de forma bem simples, o que vem acompanhado do cargo? Liste as atividades individuais que o membro da equipe deve realizar.

Qualificações e experiência: enumere os atributos essenciais e desejáveis para o desempenho das funções. Pense bem nisso, o cargo *precisa* de alguém com um diploma? Você *precisa* de alguém com dez anos de experiência nesse software específico, ou tem confiança suficiente para treinar a pessoa certa?

Hierarquia dos cargos: a quem uma função se reporta, e quem se reporta a ela? Assegure-se de que a hierarquia se encaixa no organograma e não entra em conflito com nenhum sistema ou processo em vigor. Além disso, pense em quaisquer problemas potenciais. Algumas responsabilidades podem se encaixar melhor em outra descrição de cargo. Em uma estrutura organizacional tradicional, você idealmente quer que a hierarquia seja o mais clara possível e que reduza o embate entre gestores.

Indicadores-chave de desempenho: o que constitui sucesso para essa função? Liste os sinais concretos que mostrarão que a pessoa nesta função é bem-sucedida, e quem é responsável pela gestão dessas metas.

Passo C: reúna a equipe dos sonhos

Isso tudo pode parecer muito trabalho para uma pequena organização que ainda não tem escalabilidade, mas é aí que a magia acontece. Se os passos anteriores foram seguidos, você terá uma descrição de cargos para cada vaga no organograma e poderá alocar nomes para as funções individuais. Algumas pessoas cumprirão várias funções, e ainda sobrarão algumas lacunas. Essas são suas futuras contratações.

Antes de ligar para uma agência de recrutamento para alinhar entrevistas para um cargo de diretor de RH e outras funções que podem não ser necessárias ainda, pondere acerca das seguintes perguntas:

- Qual é a urgência de preencher determinada função? Pode esperar até determinado ponto?
- Algo está deixando de ser feito porque essa função não está ocupada?
- As atribuições precisam de alguém em tempo integral, meio período ou apenas ser incluídas nas tarefas de outra pessoa?
- Há pessoas que podem ser deslocadas para a responsabilidade em questão?
- Essa função pode ser terceirizada para uma agência externa?

Ao se fazer essas perguntas, você consegue separar o joio do trigo e se concentrar nas contratações mais importantes para ajudar seu negócio a remover quaisquer gargalos.

Um momento para refletir

Um organograma deve ser tão orgânico quanto o negócio em que está inserido. Ele evoluirá com o tempo e nunca deve ser considerado acabado. O mesmo se aplica às descrições de cargos. Certifique-se de que você está continuamente revisando os colaboradores e o organograma em relação aos cargos e às operações vigentes no negócio.

Da equipe dos sonhos à equipe real

Se você completou o exercício proposto, verá que há lacunas entre o sonho e o ponto no qual você está hoje. Enquanto distribui nomes para desempenhar novas funções, verá as lacunas que precisam de gente nova.

Com a abordagem de recrutamento agora planejada, podemos iniciar o processo de busca de novos talentos. O mais importante é fazê-lo antes que seja urgente. Assim como encontrar clientes, encontrar colaboradores envolve elementos de marketing e vendas. Podemos decompor o processo da seguinte forma:

- criar um ambiente e garantias para tornar atrativo o cargo em sua empresa;
- criar um processo que de fato leve à contratação de bons candidatos;
- encontrar novos candidatos e acompanhá-los durante o processo.

A primeira é a fase de elaboração. Elaboramos descrições funcionais de cargos com o propósito de compreender as necessidades organizacionais, mas isso não é o atrativo para o candidato. Os novos colaboradores perguntarão, com razão, "o que eu ganho com isso?". Ninguém está de fato buscando uma lista de tarefas.

Precisamos nos concentrar em evidenciar as razões elas quais alguém gostaria de se tornar parte do negócio. Precisamos encontrar maneiras de demonstrar nossa visão, nossos valores e nossa cultura. Entraremos em mais detalhes no Capítulo 14, sobre modelo de liderança.

Também precisamos evidenciar quais são os benefícios oferecidos. Frederick Herzberg, em sua teoria dos fatores "motivacionais e higiênicos", descobriu o que provoca insatisfação e satisfação de um funcionário. [1]

A descrição dos cargos, que preparamos previamente de uma perspectiva funcional, deveria, em tese, evitar por si mesma a insatisfação de um futuro colaborador. Mas, sejamos honestos, devemos ter como objetivo mais do que apenas "nenhuma insatisfação"! Portanto, precisamos analisar como incluir outras facetas nos cargos que criamos, que podem ajudar a incentivar a equipe a dar seu melhor. O tipo de aspectos que precisamos considerar aqui são oportunidades de realização, reconhecimento, responsabilidade e crescimento.

Um momento para refletir

Essa é uma grande oportunidade para pensar nos pontos positivos e negativos em sua trajetória profissional. Já passou por algum emprego que você amou, apesar de o salário não ser fantástico? Um emprego bem remunerado que não dava ânimo nem de sair da cama? O que havia naqueles empregos ou empresas que o motivavam ou desmotivavam? Pense em como eles faziam as coisas e o que você pode fazer de diferente ou semelhante em seu negócio, para que sua equipe possa abraçar a função com a energia e o entusiasmo que todos nós desejamos.

Embora uma descrição de cargo bem-escrita, completa, que considere tanto os fatores higiênicos quanto os motivacionais, possa ajudar a atrair um funcionário, como empregador, você deve fazer mais para divulgar sua marca. Alguns exemplos podem incluir:

- vídeos de depoimentos de membros atuais da equipe;
- uma página inicial no site da empresa mostrando como é trabalhar com você;

- posts em seus perfis nas redes sociais sobre os membros da equipe;
- dias abertos para receber potenciais funcionários com alguns petiscos, em que eles possam conhecer os membros da equipe;
- atividades fora do local de trabalho, como eventos esportivos e sociais;
- envolvimento com a comunidade e instituições de caridade.

Essas atividades ajudam, desde que sejam equilibradas. Algumas startups copiaram as tendências do Vale do Silício, dotando suas instalações com mesas de pingue-pongue e barzinhos. Embora essas atrações sejam ótimas à primeira vista, as pessoas não aceitam um trabalho e se engajam na vivência da empresa por esse tipo de coisa. A cultura vai muito além disso, o que exploraremos brevemente no próximo capítulo.

Como transformamos teoria em prática com nossas equipes?

Você provavelmente já percebeu que eu prefiro colocar as coisas no lugar antes de tomar medidas para levá-las adiante. Afinal de contas, não adianta encher um balde furado. Então, começamos com a elaboração do que acredito ser um bom processo de recrutamento, e depois olhamos para o preenchimento das vagas de fato.

Um dos desafios no recrutamento é a confiabilidade do processo de entrevista. Ao entrevistar candidatos em potencial, você obtém o melhor e o pior deles no mesmo dia. Eles chegam cedo, muito bem-apresentados e com algumas respostas ensaiadas. Eles também estão uma pilha de nervos, mesmo sob a armadura de confiança vestida para a entrevista, e dizem o que acham que você quer ouvir.

Ao contrário de alguns, não acredito que o processo de entrevista está ultrapassado. Apenas acredito que, em geral, pode ser feito de forma muito melhor. Para mim, as falhas comuns incluem:

- membros atuais da empresa compondo o painel de entrevistas para funções que não estarão associadas às suas equipes;
- entrevistadores inexperientes;
- falta de processos e de cuidado nas perguntas para remover preconceitos pessoais;
- entrevistas focadas em "confrontar" o candidato;
- entrevistas focadas na capacidade técnica e experiência comprovada do candidato, em vez de sua personalidade e ambição.

Já dissemos que muitas empresas contratam funcionários por suas habilidades e acabam os demitindo por sua atitude, e isso geralmente se deve a processos tradicionais de entrevista. Há muito a ser feito para um excelente recrutamento e seleção, e uma tonelada de recursos para explorar nesse sentido. Por ora, vou destacar algumas das coisas que aprendi ao longo do caminho.

Enxergue além do currículo

O currículo de um candidato pode parecer genérico. Raramente esse é um recurso útil no processo de recrutamento (a menos que você esteja procurando por estatísticas arbitrárias, tais como histórico educacional). Desde que o candidato tenha os critérios básicos para a função, vale a pena fazer pesquisas com antecedência. Veja o perfil do LinkedIn e outras redes sociais para ter uma ideia da pessoa que está por trás do papel.

Dê atenção aos contatos prévios

Antes (e se) você se encontrar cara a cara com o candidato, por que não aproveitar os contatos prévios? Podem ser telefonemas, videochamadas ou até mesmo uma solicitação para enviar um vídeo respondendo a uma pergunta ou falando de um assunto. Se o cargo a ser preenchido é voltado para a relação com clientes, essa é uma ótima maneira de ver e ouvir como o entrevistado se apresenta antes de uma entrevista presencial.

Leve a entrevista para fora

Certamente para cargos seniores, prefiro me encontrar com candidatos em potencial fora do local de trabalho, em ambientes mais informais. Uma entrevista em um bar ou cafeteria pode revelar muito mais da pessoa, já que o ambiente será muito menos intimidante do que o escritório. Além disso, a situação não é enquadrada como uma entrevista, apenas como uma reunião informal. Funciona maravilhosamente bem!

Pense nas etapas de suas entrevistas

É realmente importante obter uma segunda visão sobre um funcionário, mesmo que você use uma abordagem de pontuação sistematizada — todos nós temos preconceitos inerentes a certas coisas, e outra pessoa pode analisar a entrevista com novos olhos e uma perspectiva diferente. Eu gosto que a equipe conheça os colegas em potencial, de modo que uma gama de pontos de vista pode ser considerada antes que a decisão seja tomada.

Lembre-se das três perguntas-chave

A pergunta mais importante a se fazer é: "Essa pessoa fará o trabalho necessário?" A segunda é: "Essa pessoa se encaixará na equipe?" Tenha em mente que essas duas perguntas estão muito próximas em termos de importância — eu só coloco a equipe em segundo, pois as pessoas podem surpreender! A última, e menos importante: "Essa pessoa consegue fazer o trabalho?" Pode haver habilidades essenciais necessárias para dar o pontapé inicial, mas, de resto, habilidades podem sempre ser ensinadas. Atitude e personalidade não podem!

Considere o uso de testes psicométricos

Há uma série de ferramentas que podem ajudá-lo a compreender as motivações e os tipos de personalidade dos candidatos em potencial. Você pode usá-las para mapeá-los em relação ao que seria ideal para seu negócio, à equipe em que eles estarão ou ao papel que desempenharão.

Uma vez que tenha organizado o modo como conduzirá suas entrevistas, é hora de começar a divulgar as vagas! Nos últimos anos, tenho notado a mudança no mercado, que se voltou para o recrutamento online (e não apenas através de sites de emprego). O LinkedIn é hoje provavelmente o lugar mais badalado para recrutar, já que quase todos do mundo B2B estão lá. Eu complementaria a divulgação com anúncios, post patrocinados em redes sociais, dias abertos na empresa. Há ainda quem distribua panfletos e contrate espaço em outdoors. Você precisa tratar o recrutamento como uma atividade de marketing em seu negócio.

Outra maneira é considerar o uso de uma agência, e para alguns setores essa é simplesmente a única maneira de acessar os melhores talentos. No entanto, há aspectos a serem levados em conta:

- **Custo:** a maioria dos agentes cobra uma remuneração por resultado, que geralmente é negociável. Ainda assim, será uma porcentagem significativa do salário anual, que você precisará levar em conta.
- **Cláusula *clawback*:** se o candidato não for o certo para as suas necessidades, há um período (novamente negociável) durante o qual você não precisará pagar taxas. Certifique-se de que tanto você quanto o agente estejam combinados sobre os termos disso.
- **Primeira opção disponível:** tivemos uma infeliz disputa com um agente que nos enviou um currículo anônimo. Não entrevistamos na época, e depois aceitamos o currículo enviado por outro agente, e acabamos tendo que pagar a ambos. Pense em conflitos em potencial como esse que podem ocorrer e considere como você os resolveria. Estaria feliz em dar exclusividade a uma agência de recrutamento?
- **Controle de qualidade:** pode parecer brutal quando se trata de pessoas, mas você precisa garantir que a agência tenha algum nível de controle sobre quem eles indicam. Outra agência apresentou um candidato que tinha sido condenado por fraude em um esquema de contabilidade. Certifique-se de compreender o que eles vão e não vão oferecer como parte do processo de seleção, e estabeleça claramente o que espera deles.

Gerenciando a equipe

Uma vez que sua equipe esteja a bordo, é hora de começar a pensar no lado complicado: a gestão. Talvez a única coisa que eu gostaria que alguém tivesse me ensinado logo no início seja o seguinte: alguém que é bom em seu trabalho não será necessariamente bom em administrar outros que façam o mesmo trabalho. Como a maioria das coisas no mundo dos negócios, parece óbvio quando se lê, mas quase todos já tivemos problema com isso: trabalhar em uma empresa administrada pela pessoa que está lá há mais tempo, ou que era o melhor em sua função 20 anos antes. A realidade é que a gestão é uma habilidade em si, e uma vez que sua equipe atinja proporção crítica, você precisará de alguém que seja capaz de gerenciá-la adequadamente.

O conceito de gestão também é complicado pelo mau uso do termo "gestor" em muitas descrições de cargo. Afinal, existem gestores de processo, finanças, vendas, instalações... muitos dos quais não gerenciam ninguém! Para os propósitos desta seção, vamos considerar apenas aqueles que têm a responsabilidade de lidar com pessoas, em vez de tarefas.

No próximo capítulo, exploraremos como recrutar e gerir os gestores (sim, mesmo os melhores gestores precisam ser geridos). Enquanto isso, vamos dar uma olhada nos fatores que você e, por sua vez, os gestores sob sua asa precisarão pensar quando se trata de gerenciar a equipe.

Entender as pessoas

A chave para a gestão de pessoas é entender cada uma delas. Muitas vezes, a má gestão é resultado da presunção de que todos são como nós. Tem a ver com aquele ditado frequentemente usado: "Trate os outros como você gostaria de ser tratado." Em vez disso, tente esta alternativa: "Trate os outros como *eles* gostariam de ser tratados." Certifique-se de saber quem eles são, quais são suas motivações e suas aspirações. Isso o ajudará a entender como se comunicar melhor com eles e gerenciá-los.

Estabelecer expectativas claras

Uma falha comum de muitos gestores é tomar para si tarefas de sua equipe, em vez de delegar adequadamente. Quando se trabalha com membros de uma equipe, é preciso se certificar de definir claramente as tarefas, as expectativas e as orientações para cada um, e trabalhar com eles para atingir esses objetivos.

Estabelecer um sistema de avaliação claro

As avaliações podem parecer uma rotina, mas, se forem feitas de forma correta, podem ser extremamente poderosas. Certifique-se de que você tenha uma estrutura ampla para reuniões de gerenciamento de desempenho, e que não seja simplesmente um caso de ambos os lados preenchendo formulários com perguntas de múltipla escolha. Em última análise, o resultado de cada reunião deve ser um conjunto claro de ações e objetivos para todos.

Reserve tempo para tratar do lado humano

Não estou sugerindo que os gestores precisam ser os melhores amigos de seus subordinados, mas é importante que se conheçam a nível humano. Celebrem as vitórias, compartilhem os desafios mútuos e entendam de onde vem a personalidade de cada um. Criar esse vínculo com a equipe ajuda muito quando as coisas ficam difíceis.

O que acontece se tudo der errado?

No início deste capítulo, abordamos as áreas em que os donos de negócios se enganam quando o assunto é recrutamento. O custo de uma má contratação vai muito além do dinheiro

— pode realmente desestabilizar uma equipe e perturbar a cultura que você construiu.

Entretanto, erros acontecem! Você pode saber tudo que precisa logicamente, e ainda assim tomar uma má decisão ou uma decisão apressada. Sua intuição pode errar, e as pessoas também mudam. Ao entrar no fluxo de recrutamento de pessoas, também haverá as conversas difíceis sobre demissão.

A primeira coisa a se pensar é que você precisa de um processo para identificar quando algo está dando errado. Se um membro da equipe não tiver bom desempenho, é provável que, independentemente de quão forte seja sua administração, os colegas do colaborador terão percebido antes de você. Desde que possa intervir com rapidez, você limitará os danos aos outros membros da equipe, que podem se sentir desmotivados se alguém for visto se safando mesmo não fazendo o próprio trabalho.

O mau desempenho não é a única razão pela qual um colaborador pode ser demitido. Há também a questão da conduta, e as legislações trabalhistas preveem diferentes tipos de má conduta e improbidade.

Se a má conduta ou o mau desempenho não for tão ruim a ponto de justificar processos disciplinares imediatos, você deve primeiro ter uma conversa informal com o funcionário para explicar suas preocupações. A meu ver, essas conversas devem ser curtas e se respaldar em dados (como indicadores de desempenho ou evidência do problema de conduta). É importante que você também tome nota dessa conversa para que ela possa ser usada, se necessário, em qualquer ação disciplinar futura. Normalmente, uma troca discreta em particular é suficiente para motivar um membro da equipe a ter um melhor desempenho; às vezes, não. Nessas circunstâncias, é hora de iniciar procedimentos formais. Esses não são assuntos para serem tratados com leveza, portanto, meu conselho mais firme nessa situação é consultar um especialista para garantir que você permaneça do lado certo de qualquer legislação trabalhista.

Resumo do Capítulo 13

Neste capítulo, fizemos uma viagem rápida pelo processo de criação de um modelo de recrutamento. Começamos com um lembrete dos desafios que a maioria dos negócios enfrenta ao recrutar novos funcionários, geralmente por falta de planejamento. Elaboramos um organograma junto com as descrições de cargos, de modo a identificar lacunas.

Antes de prosseguir, reflita sobre todas as questões apresentadas ao longo do capítulo e responda as seguintes perguntas:

- Contratar uma equipe grande pode parecer algo distante, mas, como vimos neste capítulo, a necessidade pode surgir subitamente. Quando você irá preparar um organograma ideal para seu negócio escalável, junto com as funções e responsabilidades?

- Haverá áreas na camada sênior que você provavelmente não conseguirá cobrir, necessárias em um negócio em crescimento. Seja um diretor financeiro, diretor de RH, diretor de marketing etc., o desafio com essas funções é que elas são caras. Alguma delas pode ser terceirizada? Anote quais cargos de sua empresa, ao se expandir, seriam necessários, mas não em uma base de tempo integral.

- Abordamos algumas noções básicas de gestão no final deste capítulo. É uma tarefa notoriamente difícil, cheia de teorias. Nossas experiências também moldam a forma como administramos. Anote algumas experiências formativas que você teve com gestores, boas e ruins, para que você possa se deter nelas e tirar lições para ajudá-lo a se tornar um gestor melhor.

14

Fundamentos da escalabilidade — O modelo de liderança

Neste capítulo você vai:

- aprender como liderar uma equipe;
- descobrir como criar uma cultura vencedora;
- compreender como construir múltiplas camadas de gestão.

Conseguimos chegar à parte final do quebra-cabeças! O processo de gestão foi abordado no capítulo anterior, mas, sabe de uma coisa? Alguém precisa liderar e gerir os gestores! Essa é minha parte favorita, pois não há onde se esconder.

Aqueles que praticam esportes entenderão o que quero dizer. Tomemos o futebol como exemplo: você pode ser o melhor jogador em campo, e mesmo assim perder a partida. Há tantas circunstâncias externas que podem afetar o resultado, desde o desempenho de seus colegas de equipe até aspectos como o clima e o árbitro. A liderança não é assim. A arte da liderança só é afetada por seu próprio desempenho. Não há mais ninguém a quem culpar, ninguém mais para ampará-lo, e talvez seja a única das quatro facetas de tornar escalável um negócio que não depende de fatos e números.

Construindo uma cultura poderosa

No mundo dos negócios, há uma frase que diz: "A cultura come a estratégia no café da manhã." À primeira vista, essa frase pode causar a impressão de que a cultura é a única coisa com a qual vale a pena se preocupar, mas posso assegurar-lhe que não é bem assim. Cultura e estratégia andam de mãos dadas. Um negócio com uma cultura sólida e sem estratégia irá ruir, pois sua cultura se desenrola sem a estrutura de uma estratégia sólida. Da mesma forma, um negócio com uma estratégia consistente, mas com uma cultura pobre, vai descobrir que está continuamente tentando avançar com os pés no acelerador e no freio.

Antes de pensarmos o que é uma cultura, acho que vale a pena discutir o que não é. Há uma tendência atual de focar nas táticas que os negócios utilizam como parte de sua identidade cultural e confundi-las com a cultura em si. Mesmo que encham seus prédios com mesas de pingue-pongue e permitam que a equipe use camiseta e bermuda, essas táticas não conseguirão mascarar uma cultura que evoluiu mal.

Há uma maneira de construir uma excelente cultura, e a pista já está nessa frase: ela precisa ser *construída*. Em vez de deixar uma cultura se desenvolver espontaneamente, ela deve ser criada através de um projeto. Assim como em outras áreas da vida e dos negócios, é muito mais difícil mudar de rumo no meio do caminho errado.

Componentes de uma cultura vencedora

Há uma série de teorias a respeito de cultura empresarial, e você pode perder dias aprendendo os detalhes. Eu, por minha vez, entendo que a cultura é composta de alguns elementos-chave (Figura 14.1).

Abordamos a questão da visão no Capítulo 10. Para falarmos de escalabilidade, até o momento, insisti apenas na necessidade de clareza de direcionamento. Quando se trata de liderança e construção de uma cultura eficaz, essa visão precisa se entranhar na equipe. Ela precisa ser o ponto central das histórias que definem o negócio e a fundação que sustenta todos que trabalham lá. Isso é o que vai motivar seus funcionários a saírem da cama pela manhã e levarem o melhor de si para a empresa todos os dias.

Com base nisso, temos os quatro elementos de apoio que ajudam a manter a equipe no caminho certo.

Figura 14.1. Os elementos da cultura

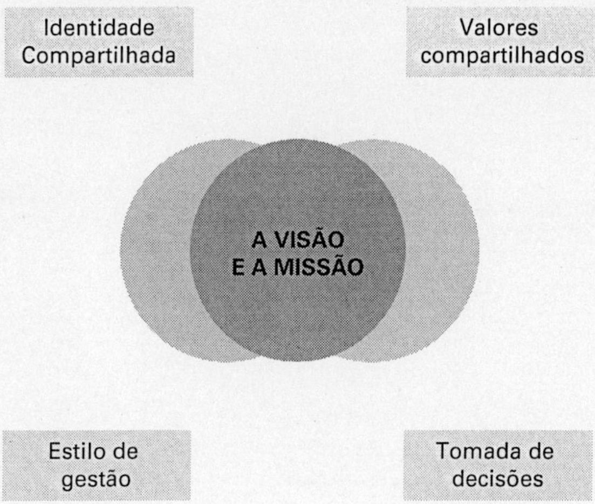

Identidade compartilhada

O que a empresa transparece, interna e externamente. Não há uma resposta correta quanto ao que é uma "boa" identidade. A resposta errada seria uma identidade que é incongruente com o resto da cultura, das operações e da visão central. A identidade pode vir de uma série de aspectos. O código de vestimenta estipula roupa formal ou camisetas com a marca? A equipe se envolve ativamente em atividades beneficentes e socialmente responsáveis? De que cor são as paredes dos escritórios? O conceito é aberto ou existem cubículos separados para os membros da equipe trabalharem? Talvez a maior incongruência possa surgir quando a identidade externa, como logotipos e site, é o oposto do que realmente acontece internamente, algo que passa uma impressão errada ao mundo externo e que pode desmotivar a equipe.

Valores compartilhados

Tem a ver com a forma como o negócio funciona em suas atividades diárias. Para que uma cultura prospere, a equipe precisa saber o que é e o que não é aceitável e agir de acordo com esses valores nos relacionamentos com todos os stakeholders. Mais adiante, veremos o processo que usei para criar e repassar os valores às minhas equipes.

Estilo de gestão

É muito bom ter um organograma e pessoas ocupando as funções de gestão, mas você precisa considerar o modo como os gestores administram. Que nível de responsabilidade será passado para as mãos desses gestores? Eles têm autoridade, tanto quanto responsabilidades? Você adotará uma estrutura hierárquica ou uma estrutura de gestão plana? Você permite (ou incentiva) a microgestão em certas situações? Com que frequência e com qual detalhamento eles devem se reportar a você? A abordagem de gestão será formal e sistematizada?

Tomada de decisões

Finalmente, temos o impacto da tomada de decisões sobre a cultura. Quem realmente toma as decisões? Tudo é empurrado de um setor para o outro até um gargalo no topo do organograma (sim, eu estou falando de você)? Os processos de tomada de decisão são realizados por comitê, atrasando toda a organização? Ou o ônus é todo de uma pessoa? Se queremos dar autonomia às equipes, as decisões são delegadas, ou abdicadas? Se houver uma diretoria, qual é a contribuição dela nas decisões dos gestores? Resumindo tudo isso, a batata quente para na mão de quem?

Um momento para refletir

Pense nos negócios que o inspiraram de alguma forma. Pode ter sido sua experiência como cliente, ou talvez uma empresa para a qual você trabalhou ou teve uma parceria. O que fez com que aquele negócio se destacasse? Que partes da construção de uma cultura empresarial do modelo apresentado anteriormente eram evidentes? Como você pode utilizá-las em seu próprio negócio?

Criando uma identidade compartilhada

Para detalhar cada um desses componentes da cultura, vou compartilhar minhas próprias experiências em meu negócio.

Para nós, foi difícil pensar na identidade. Estávamos competindo em um setor de serviços (contabilidade) que tinha uma estética bem pré-definida de logotipos azul-marinho, vestimenta formal e escritórios monótonos. Na época em que estabelecemos nossa identidade, as firmas de contabilidade raramente saíam do paradigma de escritório com todos os homens usando gravatas, e algumas chegavam a exigir que as mulheres usassem saias em vez de calças.

Fizemos muitas das coisas que vários negócios agora acreditam ser tudo o que é necessário para definir a cultura: criamos camisas com a marca, um logotipo e um site colorido, e pintamos até mesmo o escritório com cores vibrantes! Compramos a mesa de sinuca, os pufes e instalamos o sistema de som.

Adivinhe o que aconteceu? Após a "grande inauguração" do escritório recém-redecorado, a equipe voltou à rotina de sempre!

Descobrimos da maneira mais difícil que a identidade não se resume a uma demão de tinta e cores brilhantes. Ela permeia tudo o que a equipe faz e a maneira como o faz.

Um exemplo típico são as startups de tecnologia em fase inicial. Em cinco minutos na empresa, você ouvirá a palavra "super" usada como prefixo dezenas de vezes: a equipe é supermotivada, os equipamentos são superavançados etc.

A identidade tem que vir do topo da organização. As equipes naturalmente seguem seu líder e se espelham em seus atos, bons e ruins. Ao demonstrar a identidade que você deseja que sua equipe tenha, os traços serão herdados. Não é apenas o caso de mandar fazer camisetas e torcer para dar tudo certo!

Criação e utilização de um conjunto de valores compartilhados

Descobri que estabelecer valores claros fornece uma âncora que nos segura e nos permite sonhar com qualquer coisa para o negócio. Contudo, a parte mais complicada é trabalhar para descobrir quais devem ser os valores da empresa.

Todos nós temos valores pessoais que nos guiam, e, com um pouco de tempo e um caderno, podemos listar nossos valores próprios com certa rapidez. Sabemos o que representamos como indivíduos, as atitudes que não esperamos de nós mesmos e o que esperamos que os outros digam de nós.

Se você fosse fazer o mesmo exercício com seu companheiro, provavelmente descobriria que seus valores são semelhantes. Vocês podem até ter, inclusive, exatamente os mesmos valores, com ênfases diferentes. Seria incomum, entretanto, que ambos construíssem um conjunto *idêntico* de valores, usando as mesmas palavras para descrevê-lo e atribuindo a mesma ênfase aos mesmos aspectos, a menos que já tivessem discutido isso antes.

Nisso reside a dificuldade de criar valores para uma empresa. Por se tratar de uma equipe, você terá uma série de personalidades diferentes, com origens e experiências diversificadas. Alguns tiveram seus valores pessoais moldados por experiências, outros, pela educação. A probabilidade de que os valores de todos estejam completamente alinhados é quase zero.

No caso de minha empresa, tentamos abordar isso da maneira mais colaborativa possível, porém, ainda assim, algumas decisões difíceis precisaram ser tomadas. Para começar, pedimos aos membros da equipe que escrevessem o maior número possível de valores que fossem importantes para eles e para o negócio em post-its e os colassem na parede. Em pouco tempo, as paredes estavam tomadas, e o processo se tornou muito mais difícil do que pensávamos!

Felizmente, alguns temas comuns surgiram. Muitos valores se repetiram, tal como "honestidade". Também notamos que muitas palavras eram semelhantes a outras. Assim, tentamos agrupar valores semelhantes. "Honestidade", "verdade" e "integridade", por exemplo, poderiam ficar em um mesmo grupo. A partir daí, descobrimos os temas comuns, e concordamos em dar um título para cada "lote". Por fim, chegamos a um conjunto de valores que todos nós concordamos para a D&t: profissionalismo, cuidado, paixão e inovação.

E então, depois de criarmos os valores, como os utilizamos?

Eu não queria fazer como a maioria dos negócios e simplesmente colocar as palavras em nosso site ou pintá-las em uma parede e depois esquecê-las. Vimos como a incongruência da identidade pode levar à confusão, e o mesmo pode acontecer com os valores. Alegar um conjunto de valores e viver de acordo com outros é obviamente errado, além de ser um mau negócio. Os valores devem ser muito mais do que apenas parte do marketing. Assim, analisamos como podíamos integrar nossos valores o máximo possível àquilo que fazíamos. Sempre falávamos de nossos valores em reuniões de equipe, usando-os como âncora quando tínhamos algum dilema interno, e os incluímos em nossos processos diários. Veja alguns exemplos práticos do que fizemos:

Usar os valores como parte das inovações

Em vez de pesar apenas as inovações sob uma perspectiva de custo/benefício, queríamos ter certeza de que todas as inovações que empreendêssemos estivessem alinhadas com nossos valores e envolvessem nossos stakeholders (ver Capítulo 10).

Avaliamos cada inovação pela adesão a algum valor que ela possa proporcionar e pela serventia que tem para os stakeholders. Isso nos permite assegurar uma perspectiva completa sobre quaisquer inovações que procuramos implementar no negócio.

Usar os valores como parte da gestão

Desde o recrutamento até as avaliações, usamos nossos valores para ancorar os comportamentos que esperamos de nossa equipe, e, caso haja algum problema dentro da equipe, usamos nossos valores como uma orientação.

Usar os valores como parte do marketing

Desde nosso site até panfletos, utilizamos nossos valores como uma de nossas principais mensagens de marketing, a fim de que todos os stakeholders no negócio estejam plenamente cientes de como trabalhamos e o que esperar.

Criando um estilo de gestão

A próxima parte do modelo de cultura é o estilo de gestão que permeia toda a organização. Abordamos as bases da gestão no último capítulo, portanto, não pretendo repetir esses pontos. Nesse momento, vamos nos concentrar em como sistematizar a forma que escolhemos para administrar um negócio, para que ele possa crescer além das camadas atuais.

No início deste capítulo, tratamos um aspecto decisivo de escalabilidade: se o negócio pode crescer em múltiplos níveis de gestão. Isso só é possível pelo estabelecimento de processos de gestão, para que mais gestores seniores possam gerenciar seus subordinados e garantir que a função esteja sendo levada a sério e bem-desempenhada. O primeiro fator é clareza sobre como o negócio será gerenciado. Em grande medida, isso será baseado no organograma, pois ele indicará algumas linhas óbvias de hierarquia. Você precisará considerar o impacto de permitir situações em que as metas de um indivíduo ficarão sob a responsabilidade de dois ou mais gestores, por exemplo. Ao estabelecer as regras do jogo para essas situações, você evita que sua estrutura de gestão se torne uma farsa em meio à confusão e à política interna.

Uma vez que tenha essa clareza de quem é gerenciado por quem, e quem é responsável pelos indicadores de cada membro da equipe, você pode começar a pensar em alguns dos processos a serem colocados em prática. Eles podem incluir avaliações anuais e periódicas, sistemas de feedback, feedback 360° para os cargos seniores, pesquisas de engajamento da equipe e muito mais. Há pacotes de software disponíveis para ajudá-lo a administrar a maioria desses processos.

Esses são alguns fatores em que você precisa pensar para suas equipes de gestão e, à medida que a empresa evolui para múltiplos níveis de gestão, cada nível precisará pensar no seguinte:

Quanto tempo será dedicado à gestão?

Pode parecer óbvio, mas é algo que precisa ser considerado quando o negócio está crescendo. Muitas vezes, um gerente herda automaticamente sua posição depois de trabalhar em níveis mais baixos em funções relacionadas e acaba fazendo malabarismos — por exemplo, gerenciar a equipe de limpeza enquanto também limpa as instalações. Sem uma discussão sobre a carga de trabalho, é provável que eles se tornem um fracasso nas duas coisas. Certifique-se de estabelecer expectativas claras e de obter feedback sobre o tempo disponível para dedicar a cada lado.

Que treinamento de desenvolvimento é necessário?

Como mencionado anteriormente, gerenciar é um grande trabalho, e entendo que o DPC (desenvolvimento profissional contínuo) talvez seja ainda mais importante para os gestores do que para toda a equipe. Certifique-se de conversar com os gestores para entender como eles podem se aprimorar.

Que ferramentas podem ajudá-los a administrar de forma mais eficiente?

Embora a gestão seja, em última análise, uma relação entre pessoas, ela visa melhorar as estatísticas dentro da empresa. Certifique-se de que cada gestor tenha acesso aos dados tanto dos membros da equipe quanto dos KPIs pelos quais são responsáveis, para que possam decidir a melhor maneira de gerenciar com base em fatos, e não em suposições. Além disso, pense se há alguma ferramenta que ajude a sistematizar as partes mais "soft skills" da gestão — mesmo uma lista de tarefas ajuda a garantir que cada membro da equipe se sinta valorizado e tenha uma oportunidade regular de dar feedback à organização.

Criando uma cultura de tomada de decisão

A peça final do modelo de cultura é a tomada de decisões: não em uma base individual, e sim coletiva, abrangendo toda a organização. Já abordamos algumas das questões-chave; muitas organizações são vítimas de abdicação, delegação vertical a alguém mais experiente, ou decisão por comitê. Isso é resultado natural de uma cultura baseada no medo. Se os membros da equipe não se sentirem seguros para errar às vezes, eles naturalmente vão passar a batata quente para outra pessoa para se salvar.

Apesar de suas melhores intenções como líder, esse tipo de cultura pode se infiltrar com facilidade em qualquer negócio. Às vezes, é totalmente acidental — alguém pode ter tido uma experiência negativa com um empregador anterior e começar a agir de uma forma que outros seguem. Independentemente de como isso aconteça, seu trabalho como líder é assegurar que sua visão e sua cultura sejam implementadas em todo o negócio.

Atualmente, a maioria dos negócios aspiram a uma cultura em que os membros da equipe estejam habilitados a tomar decisões dentro de sua área de responsabilidade e a bancar essas decisões. Se esse é o caminho que está procurando seguir, estas são minhas sugestões:

Estabeleça expectativas claras com a equipe

Certifique-se de que a equipe esteja totalmente esclarecida sobre em quais áreas podem e não podem tomar decisões e quais são os limites. Se você tem, por exemplo, um limite financeiro para as decisões que um determinado nível gerencial pode tomar, diga a eles! Ao tratar as expectativas com transparência, a equipe não vai criar ilusões sobre o que é e o que não é aceitável.

Adotar uma cultura de coaching no começo

Mesmo que a equipe tenha clareza sobre o que é permitido fazer, eles provavelmente ficarão nervosos quando chegar a hora de tomar a primeira grande decisão. Certifique-se de que eles se sintam à vontade para fazer perguntas e ajude-os, facilitando o processo de tomada de decisão. É um trabalho muito difícil, pois exige que você lide com o fino equilíbrio entre dar apoio e não acabar tomando a decisão por si. É importante deixar a tomada de decisão nas mãos do membro da equipe responsável.

Tornar o negócio um espaço seguro

Haverá erros ao longo do caminho. As pessoas tomarão más decisões e isso custará dinheiro ao negócio. Você precisa aceitar isso e compreender que faz parte do processo de delegação da tomada de decisões. Mais importante ainda, precisa evidenciar à equipe que você também comete alguns erros de julgamento ao longo do caminho. Ao comunicar isso e agir solidamente, você ajudará sua equipe a perceber que ela realmente é livre para trabalhar de forma autônoma.

Resistir ao impulso de intervir

Como líder, talvez a segunda pior coisa que você pode fazer é se intrometer em uma função de gestão e tomar a decisão por um membro de sua equipe — isso só não é pior do que anular uma decisão que já tomaram! Nas notas no final do livro, você vai ler mais sobre minhas próprias experiências nessa área. Por ora, lembre-se que o custo de intervir quase certamente não compensará qualquer benefício de tomar a decisão por si, por mais difícil que isso pareça no momento!

Liderando do topo

A forma como nos conduzimos tem um impacto maciço na equipe, nos clientes e em todos com quem trabalhamos em nosso negócio. Alguns dos aspectos mais importantes que aprendi ao longo do caminho estão listados a seguir.

A liderança consiste em estabelecer o caminho, e depois sair do meio dele

Essa frase foi dita por um presidente executivo de uma empresa tecnológica do Vale do Silício, durante uma conversa que tive com ele. Perguntei-lhe como ele havia construído uma cultura tão marcante que tocava cada um dos membros de sua (então) empresa de 60 bilhões de dólares. Ele fez a coisa parecer muito simples!

Faça elogios em público, converse sobre os pontos desafiadores no privado

Essa foi uma lição que aprendi ao ver os resultados da má administração de um colega. Ao gerir ou liderar, você não precisa fazer valer sua posição publicamente. Sempre que possível, atribua elogios aos colaboradores e assuma a responsabilidade pelos desafios. Se for preciso enfrentar esses desafios com *outros* colaboradores, é sempre melhor reorganizar a portas fechadas.

Contrate aqueles que são melhores do que você

Talvez isso seja óbvio, mas você precisa se certificar de que enche sua equipe com pessoas que são muito melhores do que você nas respectivas áreas. Há um velho ditado que diz que não adianta adotar um cão para continuar ladrando por si mesmo. Encontre as pessoas certas para o trabalho, aprenda com elas diariamente e deixe-as fazer o próprio trabalho!

Tenha visão panorâmica quando possível

À medida que avança na jornada de gestão e liderança, você se distanciará cada vez mais do que acontece no terreno. Aceite isso! Sua visão do negócio se tornará mais singular com o tempo, e isso pode ajudar a agregar o máximo de valor a seus gestores e suas equipes. Um novo par de olhos pode ver ainda mais coisas.

Pergunte-se por que as coisas não podem ser feitas dez vezes mais rápido ou melhor

Mesmo os melhores às vezes buscam a resposta fácil. Uma das perguntas mais simples que você pode fazer é "por quê?". Tente entender quais são os fatores limitantes e desafie-os. Pergunte-se por que as coisas não podem ser feitas com uma considerável melhoria no resultado. Isso leva a um tipo diferente de pensamento e ajuda a superar fatores limitantes.

Mantenha a simplicidade e não tenha medo de perguntar duas vezes

Às vezes, você ficará sobrecarregado com a forma como o cenário lhe é apresentado. Não tenha medo de pedir uma explicação, não se espera que você seja o mais esperto o tempo todo! Um artifício que gosto de usar é pedir aos outros que me expliquem as coisas em uma linguagem que uma criança de oito anos entenderia. Se um conceito não pode ser explicado de forma tão simples, é possível que a própria equipe esteja confusa quanto ao que está fazendo.

Aceite conselhos

Embora você possa naturalmente estar no topo da organização, é bem improvável que seja o melhor em tudo. Às vezes criamos um ar de invencibilidade ao redor de nós mesmos, e só há uma saída para isso: certifique-se de permanecer com os pés no chão e realista sobre o que você pode fazer, e não tenha medo de receber conselhos daqueles que já passaram pela experiência e daqueles que são especialistas em áreas que você não é.

Não faça sombra, mas não se afaste muito

Esse é um equilíbrio muito complicado de se acertar, e a natureza de sua relação com a equipe muda com o tempo. Você tem que tentar atingir o equilíbrio entre ser acessível, apoiador e útil, sem ser o "melhor amigo" de todos. À medida que sua organização cresce, um efeito colateral desagradável é que você não conhecerá todos no negócio. Tente não ser o chefe constrangedor! Em vez disso, à medida que o negócio se desenvolve, construa relações profissionais sólidas com sua equipe de gestão e permita que eles façam o mesmo com suas equipes.

Se coloque no lugar de outros

Como líder de uma organização, seu papel é encontrar os melhores caminhos, que proporcionem a maior satisfação possível ao maior número de stakeholders. A perfeição é quase impossível e, em vez disso, você tem que aprender a arte de abrir mão de certas coisas. Se colocar no lugar de outros em um processo decisório é uma ótima maneira de ajudar você e sua equipe a entender os pontos de vista alheios e criar respostas eficazes.

Tenha uma visão balanceada

A montanha-russa pode realmente nos abalar às vezes. Lembre-se: raramente é tão bom ou tão ruim quanto parece.

Resumo do Capítulo 14

Neste capítulo, fizemos uma breve viagem pelo processo de criação de uma cultura sólida em seu negócio. Analisamos meu modelo de cultura empresarial, compreendendo quatro elementos-chave: a identidade compartilhada, os valores compartilhados, o estilo de gestão e de tomada de decisões, todos fundamentados nas histórias que utilizamos, que se baseiam na visão do negócio. Também compartilhei alguns dos meus principais aprendizados ao longo do caminho e coisas que desejei que alguém tivesse me contado!

Antes de prosseguir, reflita sobre todas as questões apresentadas ao longo do capítulo e responda as seguintes perguntas:

- Projetar uma cultura para sua empresa é essencial, caso contrário, ela será resumida em você mesmo. Sei, por experiência própria, como é difícil reconstruir a cultura de um negócio que já desenvolveu uma personalidade própria. Com base nisso, por favor, comprometa-se com uma data para explorar esse tópico de forma mais completa e iniciar o processo de construção de uma cultura.

- Passamos muito tempo explorando a importância da construção de um conjunto sólido de valores e processos para a gestão. São tarefas diferentes, mas ambas exigem planejamento. Faça algumas anotações de como você pretende criar seus valores junto à sua equipe e como o processo pode funcionar. Além disso, faça algumas anotações sobre quaisquer sistemas que você sinta que precisam ser colocados em prática para sistematizar a gestão, tais como programas de RH online, pesquisas de engajamento da equipe ou um processo de avaliação fixo.

- Minhas observações sobre liderança no final do capítulo são apenas alguns aspectos que se destacaram para mim ao longo do caminho. Sem dúvida você terá suas próprias citações ou maneiras de fazer as coisas. O principal ao adotar essas práticas é garantir que elas se tornem parte do que você faz como líder, a cada dia. Se existem outras coisas em que você acredita, anote-as agora e pense em como se certificar de alinhar sua conduta a elas no dia a dia e não apenas quando se lembrar.

15

Alguns últimos conselhos

Se você leu este livro até o fim, é provável que esteja começando sua jornada de negócios. A aposentadoria e o fim (ou a próxima fase) de sua jornada de negócios podem ser coisas muito distantes em seus pensamentos, mas é importante considerá-las, já que você será seu próprio chefe.

Agora que já passamos por todos os passos necessários para iniciar, construir e administrar seu negócio, quero compartilhar com vocês um pouco deste artigo que escrevi em novembro de 2018. [1] Na época, eu estava em meio à transição de uma função ativa de CEO para uma função de presidente conjunto, essencialmente afastando-me do dia a dia da administração do meu negócio.

De CEO a presidente

Com frequência, escrevo sobre temas que penso que podem ajudar os donos de negócios. Hoje, porém, escrevo sobre o que eu e meu parceiro de negócios, Ben, estamos aprendendo todos os dias, à medida que passamos a dividir a cadeira de presidente.

A maior mudança na minha jornada no mundo de negócios

Boa parte de nós tem *aquele* sonho de construir um negócio, relaxar e passar a aposentadoria em uma praia distante, ou seja, deixar outros assumirem o que nós construímos e levar adiante.

Estou no meio do caminho deste sonho e gostaria de compartilhar as partes boas, as ruins e o "feio", que ninguém fala, da situação.

Nos últimos anos no #TimeDT, construímos uma equipe administrativa e depois os processos para ajudar os gestores. O caminho inverso, mas acabou funcionando. Conseguimos as pessoas e lhes fornecemos as ferramentas para o trabalho.

Isso nos limitou, pois a gestão só o leva até certo ponto. Por isso, estamos na jornada de construção de uma equipe de liderança: encontrar pessoas que sejam melhores que eu e Ben para assumir nossas responsabilidades executivas e levar o que fizemos ao próximo nível.

Tornar-se redundante é muito mais difícil do que parece!

À primeira vista, parece fácil. Ceda sua cadeira e sua mesa a outra pessoa (eu fiz isso há alguns anos). Diga-lhe o que deve fazer e saia do caminho.

O desafio é que para ser um CEO/diretor-geral/presidente de uma organização verdadeiramente eficaz, como Ben e eu éramos, você precisa tomar decisões rapidamente, arregaçar as mangas e pôr a mão na massa. Nós gostamos de fazer isso. Essa é a graça de estar no negócio. Para ser um presidente verdadeiramente eficaz, você precisa ajudar a facilitar a vida da diretoria. Você precisa ajudá-los a identificar as próprias oportunidades e fraquezas e as da empresa. Precisa ajudá-los a desenvolver novas formas de pensar e ser o braço de apoio, não a solução de seus problemas.

Para alguém acostumado a criar, decidir e fazer, esse passo atrás é um choque cultural. Para a equipe, que pode estar acostumada a procurar você para obter respostas, é ainda mais difícil.

Que conselho posso dar a qualquer pessoa que pretende fazer esse movimento?

Costumo me limitar a dar conselhos sobre coisas que foram experimentadas e testadas, geralmente por mim mesmo. Portanto, vou sinalizar esse conselho dizendo que ele se baseia apenas em meus conhecimentos até o momento, e ainda estamos passando pelo processo. Dito isso, eis o que aprendi até agora:

Você precisa se deixar de lado para fazer a coisa do jeito certo. A maioria de nós que construiu um negócio de qualquer tamanho, sem dúvida, tem o ego inflado. Para fazer a transição para a presidência, você precisa primeiro reconhecer o tamanho de seu ego, e depois deixá-lo de lado.

Você precisa respeitar as decisões de seus diretores e de sua equipe. Se você os minar de alguma forma — seja tomando decisões por eles, reclamando de suas decisões, ou contradizendo-as — você acaba dando um passo para frente e cinco para trás. Embora possa não concordar com as decisões táticas deles, precisa ponderar se o custo de enfraquecer a autoridade da diretoria supera o risco que a decisão dela oferece para o negócio. Tendo em mente que você estará investindo uma quantia significativa em salários, desenvolvimento de equipe e esforço para gerenciar a mudança em toda a organização, tem que ser um risco "de milhões" para que valha a pena se meter. Tendo em mente também que a equipe, os clientes, a comunidade, o mercado e, sendo franco, minha família dependem das táticas corretas, pode ser um equilíbrio difícil de atingir, mas é importante se esforçar.

Seu trabalho é servir a diretoria. A diretoria terá exigências diferentes das suas, dependendo de suas necessidades. Ser o braço direito é fundamental, mas você vai precisar completar isso desempenhando funções úteis. Por exemplo, eu ainda trabalho horas absurdas como "disseminador da palavra" (ou, como prefiro, porta-bandeira). Ben ainda trabalha muitas horas em transmitir toda experiência e expertise operacional para a equipe. Contudo, temos que aceitar que agora somos servidores da diretoria, e quando eles nos dizem para o que somos ou não necessários, precisamos escutar.

Você tem que criar ainda mais distância. Uma das coisas mais difíceis no crescimento de um negócio é que você perde o contato com a equipe. Com 20 funcionários, eu sabia o nome dos companheiros de todos, dos animais de estimação etc. Isso se tornou cada vez mais difícil, daí a necessidade de construir uma equipe de gestão. Agora, em vez de a distância ser um fator criado pela escalabilidade, ela tem que ser um fator criado de propósito. Se eu permitir que qualquer membro da equipe de longa data venha falar direto comigo em vez de seguir a estrutura definida pela diretoria e pela equipe de gestão, eu anularia todo o bom trabalho deles. Se eu permitir que qualquer cliente ou fornecedor negocie diretamente comigo, corro o risco de comprometer não apenas os processos, mas também a cultura que a equipe está tentando estabelecer. Tenho que me tornar deliberadamente impotente à medida que o negócio se desenvolve, para que ele possa funcionar.

Seu trabalho ainda não terminou. Eu me vi ainda mais concentrado no futuro: olhando para os próximos 20-30 anos e não para os próximos meses; observando as mudanças mais amplas que podem afetar os negócios; criando relacionamentos além de nosso círculo de clientes e prospectos; e ajudando a encontrar as sementes para a minha diretoria plantar, de modo que o #TimeDT possa continuar a prosperar.

Como você pode ver, o seu negócio, assim como a vida, é um trabalho contínuo. Esse artigo foi escrito apenas três meses antes de eu assumir oficialmente a função de copresidente e, naquele momento, pendurei as chuteiras de artilheiro e capitão do time.

Talvez você ainda não tenha passado por isso, mas a maioria de nós, em algum momento da vida profissional, pensa na aposentadoria. Sonhamos acordados em ir para a praia, tomar coquetéis e ouvir música na mais perfeita tranquilidade. Sonhamos com novos passatempos, com um estilo de vida fitness, para o qual nunca tivemos tempo antes, e com viagens pelo mundo.

A realidade é que eu simplesmente gosto do mundo dos negócios.

Passei por toda a jornada de crescimento e escalabilidade, e a linha de chegada é um péssimo anticlímax. Eu ainda não estou pronto para me aposentar.

Desde que me tornei copresidente da diretoria da D&t, tive a oportunidade de fazer algumas coisas incríveis. Envolvi-me na direção de um clube de futebol e trabalhei com algumas marcas enormes como American Express e Mercedes Benz Vans, para ajudá-los a alcançar o mercado de pequenas empresas por meio da liderança conjunta de pensamento e da causa de pequenas empresas. Comecei um podcast que chegou ao 18º lugar nos índices globais e que ganhou destaque. Continuei meu trabalho de mídia, participando de programas de TV e de rádio, viajei pelo mundo como palestrante e sigo compartilhando minha jornada, meus fracassos e muito mais em meus perfis nas redes sociais.

Mas sabe o que eu mais amo?

Ficar preso na empresa quando me pedem para fazê-lo. Porque é isso que me motiva.

Pensar em novas ideias criativas para ajudar a equipe de marketing. Soluções de brainstorming para problemas complicados. Ajudar a olhar para as coisas por outra perspectiva, agora que estou longe da rotina do dia a dia. Mais importante, talvez: estar sempre à disposição para ajudar minha diretoria, que me permitiu ter tempo para fazer algumas coisas incríveis, como escrever este livro.

Mas não foi assim tão fácil. Tornar-me alguém ocioso, estacionado na frente da TV, tem sido muito tentador, e estou quase certo de que a falta de contato diário com pessoas além dos perímetros de minha casa não ajuda.

Depois de todos os passos e conselhos práticos deste livro, eu queria deixá-lo com um lembrete de que você *pode* alcançar aqueles sonhos de aposentadoria antecipada — mas certifique-se de pensar no que está por vir. A aposentadoria é o que você realmente quer? Construir um negócio é mesmo seu grande objetivo?

A vida é uma jornada, e é uma loucura tentar chegar a um "fim". É muito melhor aproveitar o processo.

Seja o que for que você queira, se sonhar, fizer um plano, colocar ações em prática e continuar revendo o progresso, provavelmente chegará lá.

Você está pronto para ser o seu próprio chefe!

NOTAS

Introdução

1. Department for Business, Energy & Industrial Strategy (2019) Business Population Estimates for Theuk and the Regions 2019. Disponível em: https://assets.publishing.service.gov.uk/government/uploads/system/uploads/attachment_data/file/852919/Business_Population_Estimates_for_the_UK_and_regions_-_2019_Statistical_Release.pdf (arquivado em: https://perma.cc/XN8X-JQXB)

Capítulo 1

1. Haslett, E. (2016) Why most businesses never reach £1m turnover, *City A.M*, 21 de julho. Disponível em: https://www.cityam.com/why-most-businesses-never-reach-1m-turnover/ (arquivado em: https://perma.cc/98MN-NRLP)
2. Maslow, A. H. (1943) A theory of human motivation, *Psychological Review*, 50(4), 370-96, 1943. Disponível em: https://doi.org/10.1037/h0054346 (arquivado em: https://perma.cc/E54U-7YNM)

3. Maslow, A. H. (1987) *Motivation and Personality*, Nova York: Harper & Row.
4. World Options (2017) Generation X: A Guide to Leaving the Rat Race Behind and Working for Yourself. Disponível em: https://uk.worldoptions.com/download_file/view_inline/263 (arquivado em: https://perma.cc/R3AS-5NXC)
5. Hinson. E. (2015) Small Business Survey Reveals 4 Profiles of the Modern Business. Keap, 16 de dezembro. Disponível em: https://keap.com/business-success-blog/business-management/small-business-owner-profiles-2 (arquivado em: https://perma.cc/638F-K9VF)
6. Governo do Reino Unido (2018) Small Business Survey 2017: businesses with employees. 24 de maio. Disponível em: https://www.gov.uk/government/statistics/small-business-survey-2017-businesses-with-employees (arquivado em: https://perma.cc/W7AX-K7YE)
7. Gerber, M. E. (2009) *The E-Myth Revisited: Why most small businesses don't work and what to do about it*, Nova York: Harper Collins.

Capítulo 2

1. Site de Paul J. Meyer. Disponível em: www.pauljmeyer.com (arquivado em: https://perma.cc/9CKA-GN3V)

Capítulo 3

1. Tesla. About Tesla. Disponível em: https://www.tesla.com/en_GB/about (arquivado em: https://perma.cc/3BQ3-3XRG)

2. Lim, J. (2015) Canva Carries Out 7 Year Vision To Disrupt Digital Design, *Forbes*, 7 de maio. Disponível em: https://www.forbes.com/sites/jlim/2015/05/07/canva-carries-out-7-year-vision-to-disrupt-digital-design/ (arquivado em: https://perma.cc/QD6M-Y8MX)
3. Canva. Our Story. Disponível em: https://www.canva.com/pt_br/ (arquivado em: https://perma.cc/UNV3KLVU)
4. Ibid.
5. Nike. About Nike. Disponível em: https://about.nike.com/en (arquivado em: https://perma.cc/W4P4-RZES)
6. Business Economics (2013) Nike: a case study in change and management, 1º de fevereiro. Disponível em: https://www.academia.edu/7078862/Nike_a_case_study_in_change_ and_management (arquivado em: https://perma.cc/5D8N-Q8C7)
7. Amazon. Come build the future with us. Disponível em: https://www.amazon.jobs/en/landing_pages/working-at-amazon (arquivado em: https://perma.cc/T8YA-YLRQ)
8. Satellites, G. (2017) *Mapping Innovation: A Playbook for Navigating a Disruptive Age*. Nova York: McGraw-Hill
9. Kastelle, T. (2010) Innovation for Now and for the Future. *Tim Kastelle*, 17 de agosto. Disponível em: http://timkastelle.org/blog/2010/08/innovation-for-now-and-for-the-future/ (arquivado em: https://perma.cc/GCK7-P5QX)
10. Baghai, M.; Coley, S.; White, D. (1999) *The Alchemy of Growth*. Nova York: Perseus Books.

Capítulo 10

1. Wasserman, N. (2008) The Founder's Dilemma. *Harvard Business Review*, fevereiro. Disponível em: https://hbr.org/2008/02/the-founders-dilemma (arquivado em: https://perma.cc/6JBW-T8XX)

Capítulo 12

1. Rowley, J. (2017) Here's how likely your startup is to get acquired at any stage. *TechCrunch*, 17 de maio. Disponível em: https://techcrunch.com/2017/05/17/heres-how-likely-your-startup-is-to-get-acquired-at-any-stage/ (arquivado em: https://perma.cc/Y4LT99PQ)

Capítulo 13

1. Herzberg, F.; Maussner B.; Snyderman, B. B. (1959) *The Motivation to Work*. 2. ed, Nova York: John Wiley.

Capítulo 15

1. Reader, C. (2018) The biggest change in my business life. LinkedIn, 14 de novembro. Disponível em: https://www.linkedin.com/pulse/biggest-change-my-business-life-carl-reader/ (arquivado em: https://perma.cc/82R8-Q6QF)